Lost & Dark Places
Lüneburger Heide & Wendland

Moosbewachsener Bunker im Wald bei Faßberg (Kapitel 7)

Kathrin Heynold

Lost & Dark Places
LÜNEBURGER HEIDE UND WENDLAND

33 vergessene, verlassene und unheimliche Orte

BRUCKMANN

↑ Lopau: Im Geisterdorf wird heute scharf geschossen (Kapitel 5).
↓ Hier fährt schon lange kein Zug mehr (Kapitel 12).
↘ In dieser Mühle hat es angeblich gespukt (Kapitel 1).

INHALT

33 LOST & DARK PLACES

LÜNEBURGER HEIDE

WENDLAND

↑ Letzte Relikte eines riesigen Tanklagers bei Hitzacker (Kapitel 26)
↗ Eintritt verboten! Ehemaliger Grenzturm bei Luckau (Kapitel 30)

VORWORT

Sie wollen das nordöstliche Niedersachsen abseits von blühender Heide, wunderschönen Fachwerkstädten, unberührter Natur und idyllischen Rad- und Wanderwegen entdecken? Verlassene oder vergessene Orte aufspüren und unheimliche Geschichten der Lüneburger Heide und des Wendlands kennenlernen? Dann kommen Sie mit auf eine Reise, die unter anderem zu einem Geisterdorf, tief im Wald liegenden Bunkern und den überwucherten Überresten einer Schlafmittelfabrik führt. Die an Eisenbahnrelikten anhält, auf denen schon seit Jahrzehnten kein Zug mehr gefahren ist, und an einem Opferstein, der nach Blut gerochen haben soll. Erfahren Sie, wer der Senkungsteufel ist, warum der Würger vom Lichtenmoor die Menschen in Atem gehalten und was John Lennon mit einer leerstehenden Kneipe zu tun hat. Auch ein Gefängnis ohne Gefangene, Schauplätze von Verbrechen und ein geheimes Tanklager liegen auf dem Weg.

An manchen Orten fasziniert der Verfall, bei anderen sind es die Geschichten, oft schon fast vergessen, angsteinflößend oder traurig, die die Orte zu etwas Besonderem machen. Mir hat es sehr viel Freude bereitet, für Sie

Eingestürzte Überreste des geheimen unterirdischen Tanklagers bei Hitzacker (Kapitel 26)

die spannenden Orte zu recherchieren, sie zu besuchen, ihre Geschichten zu erkunden und aufzuschreiben. So konnte auch ich meine schöne niedersächsische Heimat noch einmal von einer ganz anderen Seite kennenlernen. Bei der Suche und Besichtigung der Orte gab es allerdings eine Regel: Von Grundstücken und Gebäuden, deren Betreten ausdrücklich verboten ist oder bei denen man Türen, Zäune oder andere Schutzmaßnahmen hätte aufbrechen müssen, habe ich mich ferngehalten. Sie sind in diesem Buch somit nicht enthalten. Wer diese Art von Nervenkitzel sucht, wird ihn hier nicht finden.
Bei einigen Orten müssen Sie unter Umständen schnell sein, da unsicher ist, wie lange diese sich noch in dem beschriebenen Zustand befinden: So steht das leere Gefängnis in der Nähe von Celle aktuell zum Verkauf, während bei anderen Gebäuden wie der alten Seppenser Mühle oder dem Jagdschloss Göhrde nur zu hoffen bleibt, dass ihr Verfall irgendwann gestoppt wird. An anderen Orten wie der alten Sprengstofffabrik EIBIA sorgen dagegen schon heute Menschen mit viel Herzblut dafür, dass die Erinnerungen an frühere – und nicht immer bessere – Zeiten am Leben gehalten und nicht weiter zerstört werden.
Besonders haben mich während meiner Recherche immer wieder einzelne Menschen beeindruckt, die sich in ihrer Freizeit dafür einsetzen, historische Gebäude oder Erinnerungen zu bewahren, mir ganz selbstlos bei meiner Recherche geholfen und ihre Geschichten erzählt haben. Ein besonderer

Dank geht zudem an Dani, die mir stets mit Rat und Tat zur Seite gestanden hat, und an meinen Freund Jens, der mich bei diesem Projekt sehr unterstützt und alle Orte gemeinsam mit mir besucht hat – allein hätte ich mich an einige Orte wahrscheinlich auch nicht getraut!

Jetzt bleibt mir nur noch, Ihnen viel Spaß bei der Reise zu wünschen und Ihnen noch ein paar Tipps mit auf den Weg zu geben: Nehmen Sie sich Zeit, wenn Sie die Orte besuchen, und schauen Sie sich vorab noch einmal genau an, wo Sie hinmüssen. Wenn Sie mit öffentlichen Verkehrsmitteln im Wendland reisen, sollten Sie zudem im Voraus prüfen, ob Sie vielleicht auf einen Rufbus angewiesen sind, der nur fährt, wenn Sie die Fahrt vorab telefonisch oder online buchen (siehe www.mobil-im-wendland.de). Bitte beachten Sie auch: Manche Orte sind nicht einfach zu finden, vor allem, wenn sie mitten im Wald liegen. Verlassen Sie sich insbesondere dort nicht darauf, eine gute Internetverbindung zu haben! Wir standen mehr als einmal in einer abgelegenen Gegend und konnten unsere Mobiltelefone nicht mehr nutzen. Es empfiehlt sich daher, digitale Karten vorab zur Offline-Nutzung herunterzuladen oder Karten in Papierform auf die Tour mitzunehmen.

Das Buch beschreibt den Zustand der Orte im Frühjahr/Sommer 2022.

Leerstand: Alle Bewohner des kleinen Ortes Lopau mussten ihre Häuser verlassen (Kapitel 5).

Hunderte Gebäude der alten Pulverfabrik EIBIA stehen noch am Standort Liebenau (Kapitel 22).

VERHALTENSREGELN FÜR LOST PLACES

1. Behandeln Sie die Orte mit Respekt

Jedes Bauwerk und jedes Gebäude erzählt eine Geschichte aus vergangenen Tagen. Dies gilt es zu schützen. Und auch wenn es teilweise nicht so aussieht, aber jeder dieser Lost Places hat einen Eigentümer. Das sollte respektiert werden. Das beinhaltet vor allen Dingen, dass nichts zerstört oder gewaltsam geöffnet wird. Sind Fenster oder Türen verschlossen, sollte das auch so bleiben. Gehen Sie respektvoll mit dem Ort um.

2. Nehmen Sie nichts mit, lassen Sie nichts da

Wenn Sie etwas von einem Lost Place mitnehmen, und sei es noch so klein, ist es Diebstahl. Wie bereits in Punkt 1 gesagt, alle diese Orte haben einen Eigentümer. Daher gilt die Regel: Alles bleibt, wie es ist. Belassen Sie es bei den schönen Einblicken und Fotos, die Sie an dem Ort machen. Gleiches gilt auch umgekehrt: Lassen Sie nichts liegen. Keine Essensreste, keine Kaugummis, keine Kippenstummel.

Ein Friedhof für Politiker, auf dem keine Toten liegen (Kapitel 29)

3. Rauchen verboten

Das bringt uns zum nächsten Punkt: Rauchen verboten. Zollen Sie dem ehrwürdigen Ort Respekt und verzichten Sie für die Zeit, die Sie da sind, auf Rauchen. Kippenstummel brauchen nicht nur 15 Jahre zum Verrotten (sie sollten übrigens nirgends achtlos weggeworfen werden), sondern können schnell ein Feuer verursachen.

4. Keine Graffiti

Dass Sie nichts hinterlassen sollen, gilt auch für Kunstwerke an den Wänden. Man sprüht einfach nicht auf fremdes Eigentum, sei es noch so schön. Lassen Sie die Wände wie sie sind, sodass auch noch Menschen nach Ihnen den Ort so erleben können, wie er früher einmal war.

5. Seien Sie vorsichtig

Vorsicht ist besser als Nachsicht. Das gilt vor allem bei Lost Places. Marodes Holz, verrostete Geländer, einsturzgefährdete Decken, lockere Böden (teilweise befinden sich noch Kellergeschosse darunter), eingeschlagene Fenster – die Liste der Gefahren solcher Orte ist lang. Seien Sie daher immer wachsam. Begeben Sie sich niemals in Gefahr für das eine Foto. Das ist es nicht wert. Treppen und obere Etagen sind eine gängige Gefahrenquelle. Schauen Sie sich den Zustand der Treppe und der Decke genau an. Nehmen Sie auch eine Taschenlampe für dunkle Räume und Keller mit.

6. Gehen Sie nicht allein

Es ist ratsam, immer mindestens zu zweit, besser noch zu dritt, einen Lost Place zu besuchen. Da gilt die alte Regel: Ist eine Person verletzt, bleibt die zweite vor Ort und die dritte holt Hilfe. Zudem weiß man nie, wen man vor Ort trifft. Plünderer, Spinner und betrunkene Jugendliche sind auch oft in Lost Places anzutreffen. Da ist es beruhigender, nicht allein unterwegs zu sein.

7. Erregen Sie kein Aufsehen

Da viele Lost Places in Privatbesitz sind, gilt hier »Betreten verboten«. Auch wenn das Tor angelweit aufsteht oder ein riesiges Loch im Zaun ist. An Orten, an denen das Zugangsrecht nicht ganz klar ist, ist es ratsam, sein Auto nicht direkt vor dem Gelände zu parken. Schauen Sie beim Betreten des Geländes auch immer, dass Sie niemand sieht. So vermeiden Sie unerwünschte Begegnungen und mögliche Konfrontationen mit der Polizei.

Ausrüstung

Wir empfehlen Folgendes:

- Festes Schuhwerk, hohe Socken (Schutz vor Zecken)
- Reißfeste Kleidung, ggf. leichte Regenjacke
- Kamera inkl. Zusatzakku, Speicherkarten, Stativ
- Proviant und Getränke (nehmen Sie aber alles wieder mit)
- Kopf- oder Stirnlampe für freie Hände
- Taschenlampe mit weitem Winkel für Keller und dunkle Räume
- Taschenmesser
- Aufgeladenes Handy (ggf. Powerbank)
- Notizblock und Stift
- Pflaster und Taschentücher
- Mücken- und Zeckenspray

Altes Schild auf dem Gelände der ehemaligen Pulverfabrik EIBIA (Kapitel 22)

Auf dem Truppenübungsplatz Munster-Nord liegt das verlassene Dorf Lopau (Kapitel 5).

LÜNEBURGER HEIDE

1

HIER KLAPPERT NICHTS MEHR

Die verfallene Seppenser Mühle

In der Nähe von Buchholz verfällt seit Jahren eine jahrhundertealte Mühle und es sieht nicht aus, als ob sich daran so bald etwas ändern würde. Früher soll es in der Mühle auch gespukt haben.

Buchholz in der Nordheide Landkreis Harburg **Ort** Seppenser Mühle 1, 21244 Buchholz in der Nordheide **GPS** 53.285184, 9.889810 **Anfahrt** Von der A7 die Abfahrt Thieshope nehmen und über Brackel und Asendorf (Nordheide) nach Jesteburg. Von Jesteburg weiter auf der Lüllauer Straße/Dorfstraße und Thelstorfer Straße, dann rechts abbiegen Richtung Buchholz in der Nordheide. Die Seppenser Mühle befindet sich direkt an der Straße gegenüber dem Mühlenteich.

Die alte Mühle liegt idyllisch an einem Waldgebiet und steht schon lange leer. Niemand hält den Verfall weiter auf.

↑ Die alte Eingangstür ist notdürftig verbarrikadiert.
↗ Von einem Mühlenrad ist vor Ort nichts mehr zu sehen.

DIE HERUNTERGEKOMMENE MÜHLE VERFÄLLT Ganz idyllisch liegt die Seppenser Mühle zwischen einem kleinen Waldstück und dem aufgestauten Mühlenteich. Sie steht imposant direkt am Wegesrand. Ihr roter Backstein und das blaue Holz harmonieren perfekt im alten Fachwerkgemäuer. Das Blechdach schaut zwischen den Bäumen hervor. Wie ein wunderschönes altes Bauernhaus sieht die Mühle von Weitem aus. Doch je näher man kommt, desto mehr zeigt sich der Verfall. Die meisten Fensterscheiben sind zerbrochen, manche Fenster sind notdürftig mit Brettern verschlossen, die Fensterrahmen vermodern oder fehlen inzwischen ganz. Dass hier jemand lebte, ist Jahrzehnte her – so lange steht die Mühle nun schon leer und wird sich mehr oder weniger selbst überlassen. Auch die verzierte seitliche Eingangstür ist mittlerweile teilweise zerstört, die Klinke fehlt. Ringsumher haben sich Spinnweben gebildet.

SICH SELBST ÜBERLASSEN Dass dieses Gebäude unter Denkmalschutz steht und die Erhaltung im öffentlichen Interesse liegt, wie man im digitalen Denkmalatlas des Landes Niedersachsen nachlesen kann, sieht man ihm von außen wahrlich nicht an. Während in vielen anderen alten Mühlen mittlerweile ein Museum, ein Café oder eine kleine Pension untergebracht sind, gibt es in der Seppenser Mühle weder Kaffee zu kaufen noch scheint jemand Interesse zu haben, das schöne, aber zusehends verfallende Gebäude zu sanieren. Laut Berichten ist die Mühle im Besitz einer Erbengemeinschaft, die in ihren Erhalt offenbar nicht investieren kann oder

↑ Das Wasser des Seppenser Baches bahnt sich seinen Weg durch das Gemäuer.
↗ Die alte Inschrift über der Tür erinnert an die ehemaligen Besitzer.

will, sodass sie sich selbst überlassen wird und vor sich hin rottet. Auch der Seppenser Bach vom gegenüberliegenden Mühlenteich fließt mittlerweile nicht mehr durch das vorgesehene Stautor, sondern bahnt sich seinen Weg mitten durch das Mauerwerk der alten Mühle. Von den zwei Wasserrädern, die es im 17. und 18. Jahrhundert hier gegeben haben soll, ist ebenfalls nichts mehr zu sehen.

JAHRHUNDERTEALTE GESCHICHTE

Wann die Mühle gebaut wurde, lässt sich heute nicht mehr genau nachvollziehen. Aus alten Unterlagen geht hervor, dass schon 1581 ein Schmied die Mühle repariert haben soll. Sie muss also noch älter sein und ist damit wohl eine der ältesten Mühlen der Nordheide. Bereits 1585 wurde sie zudem als Amtsmühle der Herzöge von Braunschweig-Harburg erwähnt. Darüber hinaus ist überliefert, dass damals ungefähr 120 Höfe ihr Getreide in der Seppenser Mühle mahlen lassen mussten, da zu dieser Zeit noch der sogenannte Mühlenzwang herrschte. Dieser Zwang verpflichtete die Bauern dazu, ihr Getreide in einer bestimmten Mühle mahlen zu lassen. Wer heute vor den Überresten der alten Mühle steht, kann sich kaum vorstellen, was hier einst für ein Betrieb geherrscht haben muss. Bis 1735 war die Mühle im Besitz des Amtes Harburg. Danach wurde die Mühle verkauft und befindet sich bis heute in Privatbesitz. Neben der ursprünglichen Getreidemühle gab es vor Ort zwischenzeitlich auch eine Ölmühle, es wurde mit Holz gehandelt und Branntwein hergestellt. 1864 übernahm die Familie von Dorothea Müller die Mühle und noch im selben Jahr wurde der bis heute bestehende Anbau errichtet. Datum und Name sind immer noch über der

Die zerschlagenen Fenster scheinen niemanden weiter zu stören.

straßenseitigen Eingangstür verewigt. Nachdem der letzte aktive Müller der Familie gestorben war, wurde der Mahlbetrieb 1992 endgültig eingestellt.

SPUKGESCHICHTEN Mühlen waren früher oft geheimnisumwittert, und wie es sich für eine alte Mühle gehört, hat auch die Seppenser Mühle eine echte Spukgeschichte zu bieten. Der Sage nach verschwanden vor einigen Hundert Jahren die neuen Knechte der Mühle stets nach nur einer Nacht. Niemand wusste, woran das lag, bis ein besonders tapferer Knecht in der Mühle anfing. In der ersten Nacht begegneten ihm genau um Mitternacht drei furchterregende Katzen, die ihn mit feurigen Augen anstarrten. Doch der Knecht hatte keine Angst vor ihnen, sondern schlug sie mit einem Besen, den er vorab noch in einen kochenden Brei gesteckt hatte, in die Flucht. Am folgenden Tag erzählte man sich in der Gegend von drei alten Frauen, die mit frischen Verbrennungen gesichtet wurden.

Das besondere Erlebnis

Nur wenige Kilometer südlich der Seppenser Mühle liegt die Holmer Mühle, deren Grundmauern aus dem 16. Jahrhundert stammen. Auch sie stand lange ungenutzt leer, bis der Museumsverein Buchholz und Umgebung e. V. das alte Gemäuer ab 1977 liebevoll sanierte. Heute kann man die Mühle an jedem zweiten Sonnabend von 10:30–13:00 Uhr wieder in Aktion sehen. Dann treibt die Seeve das Wasserrad an, und es werden Mehl und Brot aus Bio-Getreide verkauft. Weitere Informationen gibt es unter www.gmv-buchholz.de

Heute ist die Staumauer durchlässig und der Wasserstand wesentlich niedriger als früher, als hier sogar gebadet werden konnte.

2

VERWUNSCHEN IM MOOR

Die alte Staumauer bei Dierkshausen

Mitten im Wald bei Dierkshausen wurde eine kleine Staumauer sich selbst überlassen, denn sie wird nicht mehr benötigt. Dass dort einst ein Naturbad war, ist heute nicht mehr vorstellbar.

Dierkshausen, Gemeinde Asendorf (Nordheide), Landkreis Harburg **Ort** Am Moor, 21271 Asendorf (Nordheide) **GPS** 53.258003, 9.970678 **Anfahrt** Von der A7 die Abfahrt Thieshope nehmen und über Brackel nach Asendorf, dann links abbiegen Richtung Dierkshausen. Dort in die Straße Zum Moor fahren, an der Einmündung des Waldwegs von links parken. Zu Fuß links in den Waldweg an der Pferdekoppel vorbei und immer rechts halten. Nach ein paar hundert Metern kommt die Staumauer auf der linken Seite.

ALTE STAUMAUER Fast wie im Dschungel sieht es im Frühling im Moor bei Dierkshausen aus. Ein unbefestigter Weg führt durch das Waldgebiet, das direkt an die Heidefläche »Auf dem Töps« anschließt. Vögel zwitschern, alles ist zugewachsen. Ganz plötzlich taucht mitten im Wald eine Steinmauer auf. Sie steht tief und fest im Boden, Moos wächst auf ihren Steinen. Von einem Ende zum anderen führt die Mauer fast wie ein kleiner Weg durch den Wald. Auf der einen Seite der Mauer befindet sich ein kleines stehendes Gewässer. Ein wenig kommt es einem vor, als wäre man unerwartet auf die Begrenzung eines Gebäudes gestoßen. Warum sonst sollte hier mitten im Wald eine meterlange Mauer stehen, die einfach nur durchs Unterholz führt? Sind das hier vielleicht die Überreste eines verwunschenen Heideschlösschens, oder wurde auch dieser schöne Ort

Die Natur erobert sich die alte Staumauer zurück.

Hier müssen Hobbyfotografen nicht in die Röhre schauen, sondern finden schöne Motive.

einst für militärische Zwecke genutzt? Ein Schild am Wegesrand und ein Blick in die Ortschronik von Asendorf geben die Antwort auf das Rätsel: Bei dem alten Mauerwerk handelt sich um eine Staumauer, die hier Anfang des 20. Jahrhunderts gebaut worden ist und ab einem gewissen Zeitpunkt einfach nicht weiter gepflegt wurde. Also kein Heideschlösschen, kein militärisches Gebäude, aber trotzdem ein verlorenes Stück Geschichte mitten im Nirgendwo, das heute an eine andere Zeit erinnert und ganz still und leise dem Wald überlassen wurde.

Das alte Gemäuer liegt mitten im Wald und setzt schon lange Moos an.

FRÜHER NATURBAD Die Staumauer begrenzte früher einen von zwei Teichen, die Anfang des 20. Jahrhunderts von dem Mühlenbach aufgestaut wurden. Der obere Teich diente dabei der Wasserversorgung eines 1911 von einem Hamburger Kaufmann gebauten Hauses, das heute als Feriendomizil vermietet wird. Die Bewohner konnten sich auf diese Weise lange vor dem Anschluss an die öffentliche Wasserversorgung über fließendes Wasser freuen. Am unten gelegenen Teich, wo nun die Reste der einsamen Staumauer stehen, bestand zeitweise die Möglichkeit zu baden. Sogar ein Naturbad mit Sandstrand soll es hier gegeben haben. Dass an diesem Ort einst Kinder lachend im Sommer in einem Teich geschwommen sind, ist heute allerdings nur schwer vorstellbar, da man das noch vorhandene Wasser mittlerweile wahrscheinlich einfach durchwaten könnte. Denn die Staumauer wird nicht mehr gepflegt und ist dadurch durchlässig, sodass sich das Wasser nicht mehr so wie früher sammeln kann. Auch das ehemalige Kaufmannshaus bekommt sein Wasser heutzutage auf einem anderen Weg. Es lässt sich daher nur noch erahnen, welche Rolle die alte Mauer einst hatte und welche wichtige Funktion sie ausübte. Aber zum Träumen und Staunen lädt sie weiterhin ein.

Das besondere Erlebnis

Wie der Name schon vermuten lässt, führte der kleine Mühlenbach einst zu einer Mühle. Diese hat zwar bereits im Jahr 1979 ihren Betrieb eingestellt, das Gebäude existiert aber noch heute. Zwischen urigen alten Balken und verwinkelten Mehlschächten ist nun der »Heideröster« eingezogen und verkauft von hier aus seinen köstlichen Kaffee. Tipp: Auf www.derheideroester.de Öffnungszeiten für den Werksverkauf prüfen.

Die Mauer ist immer noch so stabil, dass man darauf laufen kann.

3

DAS TOR ZUR UNTERWELT

Ein Lüneburger Stadtteil versinkt

In Lüneburg mussten in der Vergangenheit immer wieder Häuser abgerissen werden, weil ein Teil der Stadt buchstäblich versinkt. Besonders deutlich zeigt sich dies am »Tor zur Unterwelt«.

Lüneburg, Landkreis Lüneburg **Ort** Frommestraße, 21335 Lüneburg **GPS** 53.252457, 10.401979 **Anfahrt** Mit der Bahn bis Lüneburg und weiter zu Fuß oder mit dem Auto direkt in die Frommestraße oder fußläufig parken. Die Frommestraße und das »Tor zur Unterwelt« liegen außerhalb der Fußgängerzone, etwa 500 m nordwestlich des Rathauses am Scunthorpepark.

Die Frommestraße ist mittlerweile abgesperrt.
Die Senkungsschäden sind deutlich erkennbar.

TEUFELS WERK Lüneburg hat einen besonderen Teufel und das schon seit vielen Jahren – den Senkungsteufel. Es heißt, er rumort im Untergrund und treibt dort sein Unwesen. Ab und zu schickt er Signale nach oben – dann bricht in Lüneburg ein Haus zusammen oder ein Krater tut sich auf. Im 20. Jahrhundert mussten allein 180 Häuser seinetwegen geräumt und abgerissen werden. Natürlich gibt es den Senkungsteufel nicht. Er dient in der Stadt nur dazu, zu beschreiben, was hier vor sich geht: Teile von Lüneburg versinken, Häuser sind schief oder haben Risse, Fenster lassen sich nicht richtig schließen, in den Wohnungen hat man das Gefühl, seekrank zu werden. Die Senkung ist dabei eine Spätfolge der Salzgewinnung. Besonders deutlich zeigen sich die Schäden in der Lüneburger Frommestraße, in der die gravierendsten Senkungsraten gemessen wurden und erst vor wenigen Jahren zwei über 100 Jahre alte Mietshäuser abgerissen werden mussten.

TOR ZUR UNTERWELT An der Frommestraße befindet sich auch das »Tor zur Unterwelt«, ein Bau- und Bodendenkmal und fast ein kleines Wahrzeichen der Stadt, an dem man den Senkungsprozess besonders gut erkennen kann. Hinter dem verheißungsvollen Namen verbirgt sich in Wirklichkeit ein ge-

Eingeschränkte Durchfahrt im Lüneburger Stadtgebiet

mauertes Gartentor, durch das Bewohner und Besucher früher zur Hausnummer 3 gelangten und dessen eiserne Türflügel mittlerweile gestohlen wurden. Bereits 1898 errichtet, ist das ehemals kerzengerade Tor inzwischen schief und gebeugt. Der Boden hat sich hier so stark bewegt, dass das Tor nicht nur rund zwei Meter in die Tiefe gesunken ist, sondern sich die beiden Torpfosten auch aufeinander zugeschoben haben. Das »Tor zur Unterwelt« steht heute hinter einem Zaun, der zusätzlich einen Teil der Straße absperrt. Seit November 2011 darf die Straße nicht mehr befahren werden, da der Asphalt aufgeplatzt ist. In der Umgebung gibt es weitere Senkungsschäden: Tiefe Risse durchziehen beispielsweise die St.-Michalis-Kirche, die Säulen im Innenraum sind schief. Die malerischen Häuser in der Straße Auf dem Meere sind fast alle von Senkungen betroffen, und auch vor dem Michaelisfriedhof hat der Teufel nicht Halt gemacht. Zudem ist der an den Friedhof angrenzende Ochtmisser Kirchsteig in der jüngsten Vergangenheit immer wieder Opfer von Erdbewegungen geworden.

UNTER BEOBACHTUNG Salz hat Lüneburg einst reich gemacht und ist jetzt wohl auch stellenweise für den Verfall verantwortlich. In dem 70 Quadratkilometer großen Stadtgebiet liegt ein großer Salzstock, der sich auf eine Fläche von rund 1,2 Quadratkilometer erstreckt. Wahrscheinlich ab dem Jahr 956 wurde daraus in der Hansestadt tonnenweise Salz gewonnen. Das Salzwerk war zeitweise

↓ Zahlreiche Risse durchziehen die Mauern der St.-Michaliskirche.

↘ Eindeutige Schräglage: eine schiefe Fensterbank in der Frommestraße

Symbol des Lüneburger Senkungsgebietes: Dieses Gartentor wird heute als »Tor zur Unterwelt« bezeichnet.

sogar die größte Salzquelle ganz Nordeuropas. Im Zuge der Technisierung stiegen die Absatzmengen noch einmal an. Salz bestimmte das Leben in Lüneburg und verlieh der Stadt den Wohlstand, der heute noch das Stadtbild prägt. Fast zeitgleich mit der Eröffnung des Saline-Betriebs kam es aber zu ersten Senkungserscheinungen, die vermutlich durch Grundwasserströme im Salzstock ausgelöst wurden. Seit Ende des Zweiten Weltkrieges lässt die Stadt daher das Gebiet, in dem der Salzstock liegt, beobachten. Im Jahr 1980 wurde die Saline schließlich geschlossen. Dennoch ist die weitere Entwicklung des Senkungsgebietes unberechenbar, sodass in Lüneburg auch heute noch über 300 Messpunkte betrieben werden, die Erdbewegungen aufzeichnen und auswerten.

Das besondere Erlebnis

Einer Sage nach wurde das Salzvorkommen rund um Lüneburg durch ein Schwein entdeckt. Jäger hatten es erlegt und bemerkten die schneeweißen Borsten. Dort, wo sich das Schwein vorher gewälzt hatte, fanden die Jäger schließlich den ersten Salztümpel. Im Lüneburger Rathaus kann man einen Knochen der »Salzsau« noch heute in einem gläsernen Kasten bewundern. Wissenswertes zum Thema »Salz« und die ruhmreiche Vergangenheit des »Weißen Goldes« finden Interessierte auf dem ehemaligen Gelände der alten Saline in der Sülfmeisterstraße 1, wo sich das Deutsche Salzmuseum befindet. Weitere Informationen und Öffnungszeiten gibt es unter www.salzmuseum.de

Auf dem Lüneburger Rathausplatz markiert dieses Kreuz den Standort des ehemaligen Prangers.

4

FESTGEBUNDEN UND ENTEHRT

Der Pranger in Lüneburg

Ein unscheinbares Kreuz auf einem Stein mitten auf dem wunderschönen Lüneburger Marktplatz erinnert an die düsteren Stunden der Stadt. Hier stand einst der Lüneburger Pranger. Verurteilte, die daran gefesselt wurden, mussten oft tagelang Schimpf und Schande ertragen.

Lüneburg, Landkreis Lüneburg **Ort** Marktplatz, 21335 Lüneburg **GPS** 53.250303, 10.408202 **Anfahrt** Mit der Bahn nach Lüneburg und weiter zu Fuß oder mit dem Auto nach Lüneburg und innenstadtnah parken (beispielsweise Parkplatz Sülzwiesen), dann ebenfalls weiter zu Fuß.

KREUZ AUF DEM STEIN Die alte Salz- und Hansestadt Lüneburg ist vom Bombenhagel des Zweiten Weltkriegs weitgehend verschont geblieben. Die Altstadt zählt heute deswegen zu den besterhaltenen in Deutschland und verzaubert durch ihre historischen Backsteinbauten und das junge Flair einer Universitätsstadt. Kein Wunder, dass die Macher der beliebten ARD-Telenovela *Rote Rosen* die Stadt als Drehort wählten. Aber auch das beschauliche Lüneburg hatte eine dunkle Seite: Öffentliche Bestrafungen und Hinrichtungen waren früher selbstverständlicher Teil eines unerbittlichen Alltags. Und wer genau hinsieht, findet noch heute stumme Zeugen dieser längst vergangenen Zeit, so zum Beispiel auf dem Lüneburger Marktplatz. Hier, wo mittwochs und samstags Marktbeschicker aus der Region ihre Waren anbieten, vor Weihnachten Glühwein verkauft wird und auch ansonsten der Drehpunkt des Altstadtlebens ist, befindet sich auf einem der vielen Steine des historischen Kopfsteinpflasters ein großes Kreuz. Der Stein ist zwar etwas größer als die restlichen, doch wer nicht gezielt nach ihm sucht, wird auf dem knapp 2.200 Quadratmeter großen Platz vermutlich einfach darüber hinweg laufen. Doch wer den besagten Stein findet und weiß, was er bedeutet, den lässt es erschaudern: Genau hier stand bis 1764 der Pranger von Lüneburg.

EHRE VERLOREN Der Lüneburger Pranger war ein Strafwerkzeug in Form einer wohl drei bis vier Meter hohen Säule mit Metall-

↓ An der nordöstlichen Ecke des Lüneburger Rathauses befand sich das Niedergericht.

↘ Zweimal wöchentlich wurden hier kleinere Straftaten verhandelt.

ringen, die der öffentlichen Zurschaustellung verurteilter Straftäter diente. Zweimal pro Woche kam das Gericht an der nordöstlichen Ecke des direkt am Marktplatz gelegenen Rathauses zusammen, wo in einem öffentlich zugänglichen Raum die Verhandlun-

Die kunstvollen Gemälde werden von einem Eisenzaun geschützt und zeigen unter anderem das Stadtwappen.

gen stattfanden. Wurde ein Angeklagter schuldig gesprochen, erfolgte häufig sogleich die Vollstreckung des Urteils. Am Pranger landeten vor allem die wegen leichterer Vergehen Verurteilten, wozu damals neben kleineren Diebstählen und Betrügerei auch Betteln oder »Hurerei« zählten. Die Verurteilten durften dann nicht nur beschimpft und ausgelacht, sondern mit Gegenständen oder Abfall beworfen werden. Ziel dieser öffentlichen »Degradierungen« war zum einen die Stärkung der Gemeinschaft, zum anderen die Belustigung der Massen. Gleichzeitig sollten sie erziehen und vor allem bei den weniger Gebildeten das Verständnis für die Rechtsausübung stärken bzw. abschrecken. So musste im Jahr 1726 beispielsweise ein Salinenarbeiter mehrere Tage mit einem schweren Salzbeutel um den Hals am Pranger stehen, weil er Salz veruntreut hatte. Eine andere Strafe bestand (bei größeren Straftaten) dagegen darin, dass dem Verurteilten das Stadtwappen in das Gesicht gebrannt wurde. Doch damit nicht genug: Wer diese Tage am Pranger hinter sich hatte, dem blieb in der Regel nur, Lüneburg zu verlassen. Denn Ehre spielte in der damaligen Gesellschaft eine große Rolle, und wer seine Ehre verlor, dessen soziale Bindungen wurden zerstört. Ein »normales« Weiterleben in der Stadt war unmöglich oder zumindest sehr erschwert.

Das besondere Erlebnis

Ein echter Mordsspaß sind die Henkersführungen in Lüneburg, bei denen ein als Scharfrichter verkleideter Schauspieler durch die mittelalterlichen Gassen führt. Im Rahmen dieser besonderen Führung erfahren Teilnehmer nicht nur Interessantes und Kurioses über das Rechtssystem des Mittelalters, sondern besuchen weitere schaurige Originalschauplätze. Buchungen sind über die Tourist-Information Lüneburg direkt vor Ort am Rathaus oder online (www.lueneburg.info) möglich.

5

LEBENSGEFAHR IM GEISTERDORF

Das verlassene Lopau

Trotz Protesten konnten die Bewohner Lopaus nicht verhindern, dass sie ihre Häuser für immer räumen mussten. Heute ist der Ort ein einsames Paradies für unerschrockene Entdecker, wenn die Bundeswehr dort nicht gerade scharf schießt.

Lopau, Truppenübungsplatz Munster Nord **Ort** 29633 Munster **GPS** 53.054757, 10.202673 **Anfahrt** Die Anfahrt mit dem Auto ist über Wulfsode möglich. Lopau kann nur außerhalb der Sperrzeiten betreten werden, wenn die Zufahrt geöffnet ist. Die Zeiten hierfür sind unter anderem auf der Webseite der Gemeinde Munster (www.munster.de) einsehbar.

Nur wenn die Schranke oben ist, darf man das Geisterdorf Lopau besuchen.

↑ Die alten Häuser Lopaus werden vor Vandalismus geschützt.
↗ Holzbretter und Metalltüren sorgen dafür, dass niemand eindringt.

HALT! SCHARFSCHIESSEN Ein Warnhinweis prangt auf der Schranke und entscheidet, ob Lopau gerade besucht werden darf oder nicht. Denn wo früher Menschen lebten, Forstwirtschaft betrieben wurde und Kinderlachen aus der Schule den Ort erfüllte, besteht heute bei geschlossener Schranke Lebensgefahr. Ein Besuch dieses besonderen Lost Place empfiehlt sich daher am Wochenende. Dann ist die Ortszufahrt in der Regel frei und statt lauter Schüsse der Bundeswehr erwartet die Besucher im verlassenen Dorf eine schon fast gespenstische Ruhe. Dass in Lopau heute niemand mehr lebt, liegt an der Nähe zum Truppenübungsplatz Munster Nord. Dieser wurde Anfang der 1980er-Jahre um die Schießbahn 7 erweitert. Da Lopau in deren Sicherheitsbereich lag, wurde der Ort geräumt. Trotz massiver Proteste, vor allem der Bürgerinitiative »Rettet das Lopautal«, wurden alle Einwohner umgesiedelt. 1983 verließ der letzte Lopauer den Ort.

DER VERFALL SETZT EIN Einige der Häuser wurden nach dem Auszug ihrer Bewohner abgerissen. Andere Gebäude in und um Lopau, beispielsweise der Aevermannsche Hof, werden heute noch von Vereinen für Jugendfreizeiten oder von der Bundeswehr für Seminare genutzt und sind entsprechend gut erhalten. Auch die alte Schule im Ort sieht, obwohl sie schon vor Jahrzehnten geschlossen und komplett verbarrikadiert wurde, immer noch so aus, als könnten jeden Moment Schülerinnen und Schüler zurückkehren. Aber andernorts hat der Verfall in Lopau ungehindert gewirkt und haucht dem Ort seine gespenstische Stimmung ein. So wurden einige Häuser nach 1983 komplett sich selbst überlassen und verkommen zu Zeugen einer anderen Zeit.

EIN GRUSELIGER ORT Am schaurigsten sind wohl die vier Gebäude, die zur ehemaligen Försterei Herzberge gehören. Sie liegen im Gegensatz zu den meisten anderen Ge-

Seit Jahrzehnten lernen hier keine Schüler mehr:
Die ehemalige Dorfschule von Lopau

Etwas abseits im Wald verfällt die alte Revierförsterei.

bäuden nicht an der asphaltierten Straße, sondern abgelegen und einsam auf einer Anhöhe mitten im Wald. Nur ein kleiner Waldweg führt zu ihnen. Es gibt keine Schilder, die den Weg weisen und wer nicht nach ihnen sucht oder zufällig daran vorbeiläuft, sieht sie nicht (Tipp: Richtung Schulgebäude, erster Waldweg nach dem Ortsausgangsschild links). Im Gegensatz zu den Häusern im Ortskern, die verbarrikadiert und so weitgehend vor unbefugtem Betreten und Vandalismus geschützt sind, stehen die Türen hier bei unserem Besuch größtenteils offen. Auch die Fenster sind entweder geöffnet, eingeschlagen oder gar nicht mehr vorhanden. Im Inneren steht noch immer ein Teil des ursprünglichen Mobiliars und rottet vor sich hin. Ein kaputter Herd zeugt davon, dass hier früher gekocht und gelebt wurde. Ein altes Festnetztelefon erinnert an längst vergangene Zeiten, Stühle sind umgestoßen, alte Sofas von Motten zerfressen, eine Außentoilette verwildert und dient als Schuttablage. Eine alte Garage ist gefüllt mit Bauschutt, ein einsamer Feuerlöscher steht neben einem Tankkanister. Durch die offene Tür sieht man eine leere geöffnete Gefriertruhe. Vor solchen Kulissen werden Horrorfilme gedreht!

KEIN EMPFANG Es wirkt fast, als hätte man diese Häuser abseits vergessen und der Wald und die Zeit würden sie jetzt für sich einnehmen. Aber nicht nur der Anblick verursacht Gänsehaut; es ist zudem gespenstisch ruhig. Fast erwartet man jeden Moment in der Einsamkeit gestört zu werden und Teil eines unheimlichen Verbrechens zu werden. Die am Boden liegenden Scherben der Fenster knirschen unter den Schuhen – es sind die einzigen Geräusche, die die Totenstille stören. Dass es in ganz Lopau keinen Mobilfunk-Empfang gibt, steigert die Unsicherheit in dieser Umgebung; einsamer kann man im Handy-Zeitalter nicht sein. Wenn man jetzt noch weiß, dass sich in den vergangenen Jahren sogar Wölfe in der Gegend angesiedelt haben, wird die schaurige Stimmung perfekt.

JAHRHUNDERTE ALTE DORFGESCHICHTE Bereits im Jahr 1293 wurde Lopau, dessen Name sich vom niederdeutschen Wort *lopen* (laufen) ableitet, das erste Mal urkundlich erwähnt. Seit 1568 formten drei Höfe den Ort. Und schon in der Vergangenheit hatten die Bewohner des Ortes mit einigen Unwägbarkeiten zu kämpfen. So plünderten im 30-jährigen Krieg (1618–1648) schwedische Truppen den Ort und verwüsteten die Felder. Der Siebenjährige Krieg (1756–1763) brachte erneut Hunger, Zerstörung und viele Krankheiten in die kleine Dorfgemeinschaft. Zum Ende des 19. Jahrhunderts machte den Heidebauern dann die Einfuhr von weicherer englischer Schafwolle und Baumwolle aus den Vereinigten Staaten das Leben schwer. Zwei der drei Höfe wurden in dieser Zeit an den Staat verkauft. 1895 kaufte der Industrielle Richard Toepffer den verbliebenen Aevermannschen Hof und erbaute dort einen repräsentativen Landsitz. Dieser diente Richard Toepffer auch zur Vorführung land- und forstwirtschaftlicher Maschinen. Er wollte beweisen, dass sich auf dem kargen Heideboden – vom Natur- und Heimatdichter Hermann Loens poetisch »Schnuckenheide« genannt – gute Ernten erzielen ließen. Und er behielt Recht: Toepffer forstete große Flächen in und um Lopau erfolgreich auf.

LOPAU WÄCHST 1893 wird der Truppenübungsplatz Munster gegründet, damals noch von der Preußischen Armee. Zusammen mit der Forstverwaltung wird er zum wichtigsten Arbeitgeber in der Region. Um diese Zeit wurde auch das heute noch stehende Schulgebäude in Lopau errichtet. Da der Bau dem Aevermannschen Hof ähnelt, geht man heute davon aus, dass der Bau auf Richard Toepffer zurückgeht. 1907 zählte das Dorf bereits 123 Einwohner. Die Einwohnerzahl verdoppelte sich nach dem Zweiten Weltkrieg durch den Zuzug von Heimatvertriebenen noch einmal und stieg kurzfristig auf 276 an.

DER ANFANG VOM ENDE 1968 gestand die niedersächsische Landesregierung der Bundeswehr eine Erweiterung des Truppenübungsplatzes im Raum Lopau zu. Doch schon bald darauf zweifelten örtliche Behörden und Einrichtungen die Entscheidung zur Errichtung einer neuen Schießbahn an und begründeten dies vor allem mit Belangen des Landschaftsschutzes und der Wasserwirtschaft. Insbesondere wurde darauf hingewiesen, dass durch das Bauvorhaben die Lopauer Fischteiche in ihrem Bestand gefährdet seien. Es folgten langwierige Verhandlungen, in denen der Bundesminister für Verteidigung dazu bewogen werden konnte, die ursprüngliche Planung zu verschieben. Der veränderten Planung stimmte die Landesregierung im Jahr 1976 zu. Anfang der 1980er-Jahre begann auf dem Truppenübungsplatz der Bau der neuen Schießbahn, der schließlich das endgültige Ende des Ortes einläutete.

Das besondere Erlebnis

Ein Besuch des Lopau-Tals lohnt sich nicht nur wegen des verlassenen Dorfes. Es bietet sich auch hervorragend für Wanderungen an. Die Landschaft ist durch eine Vielzahl idyllischer Teichanlagen geprägt. Mit etwas Glück kann man hier Eisvögel, Fledermäuse oder Fischotter beobachten. Verschiedene Wanderwege sind gut ausgeschildert.

Hier ist die Zeit stehen geblieben: Blick in ein Gebäude

Die Einkerbung auf dem Opferstein wird auch als »Blutrille« bezeichnet.

6

ROTES WASSER UND BLUTGERUCH

Der Opferstein von Melzingen

Das Moos soll hier einst nach Blut gerochen haben – wegen der Opfer, die auf diesem Stein sterben mussten. Ob das wirklich stimmt, ist unklar. Allein die Vorstellung lässt einen vor Ort aber erschaudern.

Melzingen, Gemeinde Schwienau, Landkreis Uelzen **Ort** 29593 Schwienau **GPS** 52.994043, 10.456012 **Anfahrt** Mit dem Auto nach Melzingen oder mit der Bahn über Uelzen nach Ebstorf, von dort weiter mit dem Bus nach Melzingen. In Melzingen mit dem Auto oder zu Fuß in den Immenhof Weg in südlicher Richtung abbiegen. Der Opferstein liegt rechter Hand auf einem Feld und ist von der Straße ausgeschildert.

MITTEN IM FELD Zwischen Uelzen und Ebstorf, mitten in der ehemaligen Melzinger Heide, liegt ein grauer Granitfels, der im Volksmund auch Opferstein genannt wird. Er ist seit vielen Jahren Wahrzeichen der Gegend und ziert – stellvertretend für den Ort Melzingen – sogar das Wappen der Gemeinde Schwienau. Trotzdem wurde der Granitfels von der Bevölkerung lange Zeit mit Scheu betrachtet. Denn um ihn ranken sich teils blutrünstige Geschichten. Ein Kultplatz soll hier gewesen sein, und noch immer umgibt den Stein eine magische Anziehungskraft, die manchem Besucher sicher nicht ganz geheuer sein wird. Um den Stein zu erreichen, durchquert man zunächst ein Feld. Der Bauer, dem das Feld gehört, scheint nichts dagegen zu haben. Immerhin ist der Stein ausgeschildert, und direkt an ihm wurde ein touristisches Hinweisschild angebracht. Je näher man ihm kommt, desto beeindruckender wirkt der Stein. Ganz einsam und still liegt er hier inmitten einer sumpfigen und feuchten Grube, während hunderte Meter um ihn herum nur Ackerland zu sehen ist. Dies macht die ganze Szenerie noch mystischer. Dieser Stein ist etwas Besonderes, so viel steht fest! Und das fanden wohl auch Archäologen: Obwohl es an vielen Orten Opfersteine gibt, wurde bei dem Melzinger Stein als einem der wenigen, nicht nur der Stein an sich, sondern die unmittelbare Umgebung bereits ebenfalls wissenschaftlich untersucht.

BEEINDRUCKENDE »BLUTRILLE« Über den etwa zwei Meter langen Findling verläuft eine circa zehn Zentimeter tiefe und breite Furche. Sie läuft rechtwinklig zur Aderung, sodass davon ausgegangen wird, dass sie von Menschenhand eingemeißelt wurde und nicht natürlich entstanden ist. Diese künstliche Furche wird auch »Blutrille« genannt. Nach alten Überlieferungen war das Wasser in dem kleinen Graben einst rot gefärbt, das Moos drumherum soll nach Blut gerochen haben. Genau hier sollen die Menschen früher ihren Göttern blutige Opfergaben dargebracht haben, worauf auch die Ergebnisse der Bodenuntersuchung hindeuten: Danach gelangten direkt am Stein tatsächlich mehr organische Substanzen in das Erdreich als in der unmittelbaren Umgebung. Im Rahmen der hier durchgeführten archäologischen Grabung fanden Wissenschaftler zudem verschiedene Objekte, beispielsweise Pfeilspitzen, Scherben, eine Gesteinsaxt und verschiedene Beile. Die Funde belegen, dass der Opferstein in der Zeit von 2500–600 v. Chr. aufgesucht und genutzt wurde. Andererseits deutet nichts darauf hin, dass es hier einst eine Siedlung oder einen Grabplatz gab, sodass einige Wissenschaftler tatsächlich von dem Opferstein als Kultplatz ausgehen. Ob an dieser Stelle aber tatsächlich jemand zu Tode gekommen ist, ist nicht gesichert. Fest steht lediglich, dass das noch vorhandene Wasser nicht mehr rot ist und das Moos auch nicht nach Blut riecht …

Das besondere Erlebnis

Nur wenige Minuten mit dem Auto vom Opferstein entfernt liegt im Wittenwater Weg 25 in Melzingen das Lebenswerk von Christa von Winning – ein Arboretum, also ein botanischer Garten mit verschiedenen, auch exotischen Pflanzen. Über 800 Pflanzenarten aus der ganzen Welt können hier bestaunt werden. Wer möchte, kann in dem besonderen Ambiente des »Garten der Bäume« heute auch heiraten. Außerdem finden vor Ort regelmäßig Ausstellungen und kulturelle Veranstaltungen statt. Ein kleines Gartencafé lockt zudem mit selbst gebackenen Kuchen und Getränken. Öffnungszeiten und weitere Informationen finden Interessierte unter www.arboretum-melzingen.de

7

GEHEIME ZIELE IM WALD

Der ehemalige Bombenübungsplatz von Faßberg

Hier gab es einst einen Bahnhof, der nur einem Zweck diente: Er sollte immer wieder zerstört werden. Jahre später hatte man hingegen nur eines im Sinn – Berlin retten!

Oerrel, Gemeinde Munster, Landkreis Heidekreis **Ort** 29633 Munster **GPS** 52.959649, 10.189945 **Anfahrt** Mit dem Auto bis zum Friedhof in Oerrel (siehe GPS) und dort parken. Von dort aus empfiehlt es sich, die im Text genannten Orte zu Fuß oder mit dem Fahrrad zu erkunden. Dazu hinter dem Friedhof die erste Straße rechts nehmen; als erste Station bietet sich der am nächsten gelegene Beobachtungsbunker (GPS 52.941088, 10.212726) an. Die GPS-Koordinaten der weiteren Orte sind im Text genannt.

Zum Teil werden die alten Bunker heute als Lagerplätze genutzt.

BUNKER IM WALD Der riesige Hochbunker (GPS 52.941088, 10.212726) steht wie ein stummer und bedrohlicher Riese im Oereller Forst. Seine Sehschlitze wirken wie Augen und Mund, die den Besucher warnend, ja schon fast boshaft ansehen. Er ist nahezu vollkommen mit Moos bewachsen. Es sieht aus, als ob die Natur versucht, die Relikte einer dunklen Zeit zu verstecken. Doch sie schafft es nicht. Zu groß und mächtig sind die massiven Betonmauern. Dass man in dem Waldgebiet nur selten anderen Menschen begegnet und das Mobiltelefon kaum oder überhaupt keinen Empfang hat, sorgt dafür, dass die ganze Szenerie noch bedrohlicher wirkt. Zwei weitere meterhohe Bunker (GPS 52.933710, 10.211546 sowie GPS 52.935495, 10.225794), tiefere Bunkerbauten (GPS: 52.944185, 10.229270) und plateauartige Mauerreste (GPS 52.940159, 10.221084) tauchen in der Umgebung ebenfalls auf – sie sind ebenfalls mit Moos bedeckt, teilweise wachsen auf ihnen sogar Bäume.

NUR FÜR DIE ZERSTÖRUNG ERBAUT Das Plateau am Wegesrand war einst ein Bahnhof, ein geheimer Bahnhof. Zu ihm gehörten wohl einmal eine Rampe und ein Bahndamm. Er wurde noch vor dem Zweiten Weltkrieg gebaut, um zerstört zu werden. Ob der Bahnhof damals wie geplant von Bomben getroffen wurde, konnte von den Hochbunkern aus beobachtet werden. Je größer die Zerstörung, desto besser – denn das Gelände war einst ein Bombenübungsplatz, der Bahnhof ein Übungsziel für die Piloten. Eine

↓ Die Anlagen liegen teilweise sehr versteckt im Wald.

↘ Die Dächer der stillgelegten Bunkeranlagen sind bewachsen.

Dieser meterhohe Bunker taucht wie ein Riese zwischen den Bäumen auf.

Fabrik und eine Brücke (GPS 52.937741, 10.227865) sollen hier zu jener Zeit ebenfalls gestanden haben. Auch sie dienten nur dem Zweck, möglichst effizient vernichtet zu werden. Nach Ende des Zweiten Weltkrieges wurde die Fläche von den Alliierten für militärische Zwecke weitergenutzt, sodass bis heute immer noch von einer hohen Belastung mit Munition auszugehen ist. Das Betreten des Geländes abseits der Waldwege erfolgt daher auf eigene Gefahr!

EIN MILITÄRFLUGHAFEN ENTSTEHT Der Bombenabwurfplatz war einst Teil des etwas weiter südlich gelegenen Fliegerhorstes Faßberg, der an diesem Ort vor dem Zweiten Weltkrieg unter strengster Geheimhaltung im Zuge der Aufrüstungspläne der Luftwaffe entstand. Mit Fahrrädern soll die erste Baukolonne, aus 30 bis 40 Männern bestehend, angereist sein. Sie mussten 1933 zunächst Gleise in die unbewohnte Heidelandschaft verlegen. Eine Kampffliegerschule entstand, immer neue Gebäude wurden gebaut, wobei auch Zwangsarbeiter eingesetzt wurden. Zusammen mit dem Flugplatz entwickelte sich der heutige Ort Faßberg. Nach dem Zweiten Weltkrieg übernahmen zunächst die Briten den Flugplatz. Nach der Gründung der Bundeswehr wurde die Liegenschaft 1956 an sie übergeben, die bis heute Militärstützpunkt und einer der flächenmäßig größten Flughäfen der Bundeswehr ist. Besondere Bedeutung kam dem Flughafen noch einmal zwischen 1948 und 1949 zu. In dieser Zeit wurde aus dem Ort, der ursprünglich für Krieg und Zerstörung gebaut wurde, ein wichtiger Teil der größten humanitären Hilfsaktion der deutschen Geschichte.

ROSINENBOMBER Am 24. Juni 1948 blockierte die damalige Sowjetunion Westberlin und schnitt die Stadt von der Außenwelt ab. Nur noch über die Luft konnte die Bevölkerung versorgt werden. Die Westalliierten starteten daraufhin die sogenannte Luftbrücke nach Berlin. Hunderttausende Tonnen von Hilfsmitteln wurden in den kommenden Wochen und Monaten Tag und Nacht nach Berlin geflogen. Ein Eckpfeiler der Luftbrücke war Faßberg. Von hier wurden mit den »Rosinenbombern« allein knapp 540.000 Tonnen Kohle in die abgeschnittene Stadt geflogen, um dort die Energieversorgung sicherzustellen. Fast ein Jahr sollte Berlin ausschließlich aus der Luft versorgt werden, bis die Sowjetunion ihre Blockade aufgab.

Wer sich traut, kann einige der Hochbunker noch betreten.

Das besondere Erlebnis

In Faßberg gibt es ein Luftbrückenmuseum, dessen Besuch sehr lohnend ist. Hier veranschaulichen unter anderem Originalunterlagen und Filme sowie zwei Eisenbahnwaggons und ein altes Flugzeug, in das man steigen kann, die wichtige Rolle Faßbergs im Rahmen der Berliner Luftbrücke. Wer möchte, kann heute sogar vor der Kulisse des »Faßberg-Flyers« heiraten. Weitere Informationen und Öffnungszeiten gibt es unter www.luftbrueckenmuseum.de

Der Schriftzug am Bunker erinnert an den Namensgeber Paul von Hindenburg.

8

MILITÄRISCHE BEOBACHTUNG

Der historische Hindenburg-Bunker

Ein altes Militärrelikt aus den frühen Jahren des Truppenübungsplatzes Munster steht noch heute auf dem Gelände und ist mittlerweile ein ganz besonderer Aussichtspunkt: der Hindenburg-Bunker.

Hindenburg-Bunker, Truppenübungsplatz Munster Nord **Ort** Wietzendorfer Weg, 26649 Wietzendorf **GPS** 52.9434778, 10.0345075 **Anfahrt** Mit dem Auto nach Munster oder Wietzendorf. Der Bunker liegt direkt an einer Verbindungsstraße zwischen Munster und Wietzendorf. Er kann nur außerhalb der Sperrzeiten angefahren werden, wenn die jeweiligen Zufahrten geöffnet sind. Die Zeiten hierfür sind unter anderem auf der Webseite der Gemeinde Munster einsehbar.

SCHIESSFREIE ZEITEN BEACHTEN Der historische Hindenburg-Bunker baut sich in voller Größe stumm an der Straße auf und wirkt bis heute wie ein Fremdkörper in der idyllischen Heidelandschaft mitten auf dem Truppenübungsplatz Munster Süd. Besuchen können Interessierte den Bunker immer dann, wenn auf dem Truppenübungsplatz nicht geschossen wird. Informationen zu den schießfreien Zeiten findet man auf der Seite www.munster.de oder bei der örtlichen Tourismusinformation. Direkt gegenüber dem Bunker bestehen Parkmöglichkeiten und über eine metallene Treppe gelangt der Besucher mittlerweile bequem auf das imposante Bauwerk hinauf. Von der dortigen Aussichtsplattform bietet sich eine wunderschöne Sicht über die weite und unbebaute Heidefläche, wo seit Jahrzehnten unterschiedlichste militärische Übungen stattfinden.

Am Bunker steht ein Gedenkstein mit verwitterter Schrift.

Das Verlassen der Wege ist hier strengstens verboten.

LANGE MILITÄRISCHE GESCHICHTE In großen silbernen Buchstaben schlängelt sich der Name »Hindenburg« um den runden, steinernen Riesen, der heute teilweise mit Gras bewachsen ist. Eine Tür, die ins Innere des Bunkers führt, ist mit einem Vorhängeschloss versehen und verrostet zunehmend, ein Zugang ist daher leider nicht möglich. Informationstafeln am Bunker zeigen historisches Bildmaterial und helfen dem Besucher, sich in eine andere Zeit zurückzuversetzen. Wann genau der Bunker, der der Zielfeldbeobachtung diente, erbaut wurde, ist nicht bekannt. Es wird aber vermutet, dass der Bau um 1930 erfolgte. Der Name des Bunkers geht sehr wahrscheinlich auf das 91. Oldenburgische Infanterieregiment unter dem damaligen Kommandanten und späteren Reichspräsidenten (ab 1925) Oberst Paul von Hindenburg zurück. Das Regiment war das erste, welches das militärische Lager Munster im Juni 1893 belegte und damit am Anfang der Militärgeschichte der heutigen Stadt stand. Erst zwei Jahre zuvor hatte das preußische Kriegsministerium begonnen, Heide- und Moorflächen zwischen Munster, Reiningen und Wietzendorf aufzukaufen und einen Truppenübungsplatz anzulegen. Mittlerweile blickt die Region auf eine lange Militärgeschichte zurück, und noch heute wird das Leben hier durch die Bundeswehr geprägt. So ist Munster – bezogen auf die Anzahl der stationierten Soldaten – der größte Standort des deutschen Heeres und der viertgrößte Standort der Bundeswehr überhaupt.

Vom Bunker aus hat man eine herrliche Fernsicht auf den Truppenübungsplatz.

Ein paar Stufen führen zur Aussichtsplattform.

Das besondere Erlebnis

Die Munster Touristik organisiert zusammen mit der Bundeswehr spannende mehrstündige Fahrten zu den Truppenübungsplätzen Munster Nord und Süd. Unter dem Motto »Blick hinter den Zaun« besteht für die Teilnehmer beispielsweise die Gelegenheit, die Panzertruppenschule der Bundeswehr und andere Orte zu besuchen, die nur über für die Öffentlichkeit normalerweise gesperrte Wege erreicht werden können. Auch individuelle Radtouren mit einem ehemaligen Soldaten sowie das jährlich stattfindende Volksradfahren sind gute Gelegenheiten, die Truppenübungsplätze zu besuchen und mehr über die Arbeit der Bundeswehr in der Lüneburger Heide zu erfahren. Termine, Informationen und Anmeldemöglichkeiten gibt es unter www.munster.de

Das Innere des Bunkers ist für Besucher nicht zugänglich.

9

ES STANK ZUM HIMMEL

Die ehemalige Schlafmittelfabrik in der Heide

Nur noch vermooste Mauerreste erinnern im idyllischen Wald nordöstlich von Celle daran, dass hier einst synthetische Schlafmittel produziert wurden und es der Bevölkerung buchstäblich stank, was hier passierte.

Schelploh, Gemeinde Eschede, Landkreis Celle **Ort** 29348 Eschede **GPS** 52.779685, 10.350499 **Anfahrt** Mit dem Auto von Uelzen auf der B191 Richtung Eschede, ca. 2,5 km nach der Abzweigung nach Unterlüß nach links in einen Waldweg abbiegen und dort parken. Zu Fuß weiter bis zu den Relikten der Schlafmittelfabrik.

Die Badewanne inmitten der Überreste der alten Schlafmittelfabrik ist eine Kunstinstallation von Edel Klatt.

Die bunten Farbsäulen stammen von der Künstlerin Hildegard Mahn.

FABRIK IM NIRGENDWO Warum wurden in der Gegend in der Nähe des kleinen Ortes Schelploh mitten in einem Waldgebiet Schlafmittel hergestellt? Was wollte die Niederlassung eines Chemiewerks von der Bevölkerung fernhalten? Die Antwort lautet: unzumutbarer Gestank, sogar kilometerweit. Heute stehen hier nur noch die massiven Mauern eines Steinfundaments, das inzwischen großflächig von Moos bewachsen ist. Auch Unmengen von Farn wachsen hier im Frühling, der zwischen den Mauern grün hervorleuchtet und nicht nur farblich einen Kontrast zu den grauen und roten Steinen bietet: Hier erobert sich die Natur einen Ort zurück. Ein kleiner Ablaufgraben führt zum Fluss Lutter. Eine Waldlichtung lässt nur erahnen, wo die weiteren Fabrikgebäude standen, die den Menschen in dieser Gegend einst so viel Kummer bereiteten.

DIE ALTE BADEWANNE Neben den Mauerresten stechen heute vor Ort vor allem die Kunstobjekte ins Auge, die im Rahmen des Kulturtourismus-Experimentes »Magische Orte in der Südheide« schon vor Jahren hier installiert wurden. Eine davon ist die Badewanne der Künstlerin Edel Klatt. Sie steht allein in den Mauerresten. Wer nicht weiß, dass es sich dabei um Kunst handelt, könnte fast meinen, die alte verrostete Badewanne, über der zwei graue Handtücher hängen und die fast komplett mit Tannennadeln gefüllt ist, wäre ein gruseliges Überbleibsel der Fabrik und hätte den Niedergang wie durch Zauberhand unbeschadet überlebt. Vor Ort

Vor Ort erinnert nur noch wenig an die alte Fabrik.

ist eine kleine Infotafel aufgestellt, die die gespenstische Szenerie erklärt. Die Badewanne trägt den Namen »Feierabend« und erinnert an folgende Dienstanweisung der Fabrik aus dem Jahr 1899: »Die Ortschaft Schelploh darf kein Arbeiter verlassen, ohne vorher gebadet und frische Wäsche angezogen zu haben. Wenigstens einmaliges Baden in der Woche verlangen wir von unseren Arbeitern, und wird dafür vom Betriebsführer die Zeit bestimmt. Die Mitnahme der von der Fabrik an jeden Arbeiter gelieferten Reinigungsseife ist verboten ...«

NIEMAND WILL DIESEN GESTANK Ihren Anfang nimmt die Geschichte der Schlafmittelfabrik aber zunächst an einem anderen Ort. Ende des 19. Jahrhunderts erkennen Wissenschaftler, dass die chemische Verbindung Sulfonal als Schlafmittel geeignet ist – eine Innovation, die zudem wirksamer und gleichzeitig ungiftiger ist als die bisher verwendeten Mittel. Aber: Um Sulfonal in den erforderlichen großen Mengen herstellen zu können, wurde die Schwefelverbindung Mercaptan benötigt, von der ein widerwärtiger Geruch ausgeht. Dies sollte zunächst die Bevölkerung von Wuppertal-Barmen feststellen, wo die damalige Farbenfabrik Friedr. Bayer & Co. (die Vorläuferin der heutigen Bayer AG) mit der Herstellung des neuartigen Schlafmittels begann. Schon bald beschwerten sich die Einwohner dort lautstark wegen des auftretenden Gestanks, und die Herstellung in Wuppertal-Barmen wurde verboten. Nachdem es auch in der benachbarten Gemeinde Haan, in die die Produktion zwischenzeitlich verlagert wurde, zu Protesten der Bevölkerung gekommen war (man behauptete sogar, dass der Gestank den Geschmack des vor Ort produzierten Honigs beeinflussen würde), musste dringend ein neuer Platz gefunden werden, an dem die Herstellung des Schlafmittels ungestört weitergeführt werden konnte.

SCHELPLOH ALS PERFEKTER STANDORT

Bei der Suche nach einem alternativen Standort geriet schon bald die Lüneburger Heide ins Visier des Unternehmens, denn die Heide galt damals als Inbegriff der Einsamkeit. Mit Schelploh schien der perfekte Ort gefunden worden zu sein. Ein Pacht- und Nutzungsvertrag mit dem damaligen Eigentümer des Geländes, auf dem bereits ein Sägewerk stand, wurde geschlossen. Innerhalb von kurzer Zeit wurde die Schlafmittelfabrik gebaut. Rund 20 Mitarbeiter brachte das Unternehmen direkt mit. Doch auch in der vermeintlichen Einöde ließen Beschwerden nicht lange auf sich warten. Selbst im mehrere Kilometer entfernten Blickwedel war der

Gestank offenbar kaum auszuhalten. Es wird berichtet, dass die Belastung in der Gegend so hoch gewesen sein soll, dass Bewohner verschiedener Ortschaften über Übelkeit und Kopfschmerzen klagten und Feldarbeiter unter Appetitlosigkeit litten. Die Menschen in der Region machten sich Sorgen um die Wasserqualität des Flusses Lutter, in den die Abwässer der Produktion eingeleitet wurden. Trotz des Widerstandes in der Bevölkerung wurde der Betrieb der Fabrik jedoch fortgesetzt.

FEUER BEENDET GESTANK Dass der Gestank aufhörte und man in Schelploh wieder durchatmen konnte, ist dann tatsächlich nicht auf Beschwerden, sondern auf den Ausbruch eines Feuers zurückzuführen, wodurch die Fabrik im April 1904 niederbrannte. Überlegungen, den Standort wieder aufzubauen, wurden verworfen. Stattdessen wurde die Produktion an den neuen Sitz von Bayer nach Leverkusen verlegt.

Das besondere Erlebnis

Der Name des kleinen Flusses Lutter bedeutet im Mittelhochdeutschen so viel wie »lauter, hell, rein und sauber«. Heute macht die Lutter dank des gleichnamigen Naturschutzprojektes ihrem Namen wieder alle Ehre. Der heimliche Schatz der Lutter sind Flussperlmuscheln, von denen es die letzten intakten Bestände in Europa nur hier gibt. Erkunden Sie den Lebensraum der seltenen Kostbarkeiten am besten mit dem Fahrrad auf dem Lutter-Radwanderweg (Nordtour). Informationen dazu finden Sie unter www.lueneburger-heide.de

↓ Moos und Farn überwuchern die alten Mauerreste.

↘ Wo die Gemäuer der Fabrik standen, lässt sich vor Ort noch erahnen.

Interesse? Für das Gefängnis werden aktuell neue Besitzer gesucht.

10

DAS LEERE GEFÄNGNIS

Die JVA Salinenmoor zieht Einbrecher an

Seit 2014 steht die Justizvollzugsanstalt Celle leer und hat sich zu einem Magneten für Liebhaber von Lost Places entwickelt. Denn wer kann schon von sich sagen, in ein Gefängnis eingebrochen zu sein?

Celle, Landkreis Celle **Ort** Salinenmoor 6, 29229 Celle **GPS** 52.722194, 10.094649 **Anfahrt** Mit dem Auto nach Celle, weiter auf der B3 in Richtung Bergen. In Groß Hehlen rechts auf die L240 abbiegen, nach ca. 8 km rechts abbiegen. Mit der Bahn nach Celle und weiter mit dem Bus bis Celle-Hustedt Bahnhof, von dort ca. 2 km zu Fuß.

↑ Hier wacht niemand mehr über die hohen Gefängnismauern.
↗ Heute schützt dieser Gitterzaun vor Einbrechern.

LEERES GEFÄNGNIS ZIEHT AN »Einbrecher wollen in den Knast« – so überschreibt die *BILD*-Zeitung im Mai 2021 einen Artikel über die Justizvollzugsanstalt (JVA) Salinenmoor, früher auch »Celle II« genannt. Es ist nicht das erste Mal, dass es hier Einbruchsversuche gegeben hat und das Gefängnis so in die Schlagzeilen gekommen ist. Ja, richtig, Ein- und nicht Ausbruchsversuche. Denn seit dem November 2014 sind in Salinenmoor keine Häftlinge mehr untergebracht, und das Gebäude steht leer. Seitdem kursieren im Internet Videos, die Menschen zeigen, wie sie durch das »Geister-Gefängnis« laufen und sich damit brüsten, dort eingebrochen zu sein.

EINSAME LAGE Dass Salinenmoor verlassen ist, sieht der Besucher sofort. Das Gefängnis liegt außerhalb von Celle direkt an einem Waldgebiet. Die etwa 700 Meter lange und sechs Meter hohe Mauer, die die Insassen früher umschloss, zieren nun Graffiti. Das Unkraut bahnt sich seinen Weg auf dem gepflasterten Innenhof, Rost hat sich am Zaun gebildet und einzelne Kabel liegen umher. Trotzdem hat das ehemalige Gefängnis nichts von seiner abschreckenden Wirkung verloren, vor allem wenn man sich ins Gedächtnis ruft, was hinter den hohen Mauern in der Vergangenheit passiert ist. Aber zunächst zu den Anfängen des Gefängnisses.

EIN MÄNNERKNAST ENTSTEHT Die Geschichte der JVA Salinenmoor geht zurück bis in das Jahr 1949. Anfangs kultivierten Gefangene der JVA Celle hier Moor- und Heideflächen. Die Außenstelle versorgte so

Hinter diesen Gittern haben sich schlimme Szenen abgespielt.

die JVA Celle jahrzehntelang mit Gemüse und Kartoffeln aus eigenem Anbau. 1978 wurden die neu errichteten Gefängnisanlagen nach zweieinhalbjähriger Bauzeit in Betrieb genommen, 1991 wurde die JVA zu einer selbstständigen Haftanstalt. 1996 erfolgte die Namensänderung von JVA »Celle II« in »Salinenmoor«. Von diesem Zeitpunkt an saßen dort männliche erwachsene Strafgefangene mit einer Freiheitsstrafe zwischen vier und acht Jahren sowie Sicherungsverwahrte ein. Zudem gab es Abteilungen für Untersuchungsgefangene und den offenen Vollzug. Bis zur Schließung verfügte die Anstalt über 212 Haftplätze. Auf dem Areal befanden sich vier Unterkunfts- und zwei Verwaltungsgebäude, Versorgungs-, Werks- und Lagerräume sowie ein Sportplatz.
Ein reiner Männerknast, wie Salinenmoor es war, ist kein friedvoller Ort: Immer wieder gab es Gewalt unter den Gefangenen. Doch vor allem zwei Vorfälle bescherten der JVA Salinenmoor bundesweit besondere Aufmerksamkeit.

GEFÄNGNISDIREKTORIN WIRD VERGEWALTIGT Am 26. Februar 1996 kommt es in Salinenmoor zu einer Geiselnahme. Ein wegen Mordes und Vergewaltigung einsitzender Häftling bringt während eines Beratungsgesprächs eine Sozialarbeiterin in seine Gewalt und vergewaltigt sie. Der Täter droht damit, die Frau umzubringen. Die damalige Gefängnisdirektorin Katharina Bennefeld-Kersten bietet sich – gegen den Rat ihrer Kollegen – als Ersatzgeisel an. Sie kennt den Täter und hofft, als Psychologin einen Zugang zu ihm zu finden. Nachdem die Geiseln ausgetauscht sind, vergewaltigt er allerdings auch sie. Nach vier Stunden gelingt es ihr, den Täter zur Aufgabe zu bewegen. In der Zelle des Täters werden zahlreiche weitere Messer und Gabeln – aus Weichmetall – gefunden. Salinenmoor gerät nach diesem Vorfall in die Schlagzeilen. Es beginnt eine Diskussion über Frauen im Vollzug. Bennefel-Kersten selbst wollte keine Auszeit, sie kehrte damals bereits nach drei Tagen zurück an ihren Arbeitsplatz. Der Täter wurde zu fünfzehn Jahren Haft verurteilt.

GEFANGENE MISSHANDELN ZELLENGENOSSEN Rund zwölf Jahre nach dem schrecklichen Vorfall gerät die JVA Salinenmoor erneut in die Schlagzeilen. Über Stunden schlagen und missbrauchen zwei Häftlinge ihren damals 28-jährigen Zellengenossen, der wegen Schwarzfahrens eine achtmonatige Haftstrafe absitzt. An einem Abend im Januar 2008 kommt es wegen eines nichtigen Anlasses zu dem Streit, in dessen Verlauf die zwei Täter ihren Mithäftling angreifen. Sie schlagen mehr als 50-mal auf seinen Kopf ein. Das Opfer erleidet neben potenziell lebensgefährlichen Einblutungen am Kopf noch einen Jochbeinbruch. Doch damit nicht genug: Einer der Männer soll das Opfer auch vergewaltigt haben. Schließlich versuchen die beiden Täter ihren Mitgefangenen dazu zu bewegen, sich mit einem in Streifen zerschnittenen Geschirrspülhandtuch zu erhängen, lassen dann aber von ihm ab. Die beiden Täter werden später zu Haftstrafen von zwei Jahren und neun Monaten bzw. zwei Jahren verurteilt. Gegen den älteren der beiden Täter wird zudem Sicherungsverwahrung angeordnet. Politisch führt die Tat zu Debatten über die Mehrfachbelegung von Gefängniszellen und den Schutz von Mithäftlingen vor Übergriffen anderer Gefangener.

FORTBESTAND LOHNT NICHT Im Jahr 2014 entscheidet das Land Niedersachsen, die JVA Salinenmoor zu schließen. Der Grund hierfür lag aber nicht an den geschilderten Vorfällen, sondern an erforderlichen Sparanstrengungen des Landes. Ausstehende Sanierungen in Millionenhöhe rechnen sich nicht, zumal die Gefangenenzahlen im Land seit 2004 kontinuierlich rückläufig sind. Im geschlossenen niedersächsischen Strafvollzug stehen zu der Zeit allein 1.000 Haftplätze leer. Nach Bekanntgabe der Schließungspläne der JVA Salinenmoor, von denen 120 Bedienstete betroffen sind, kommt es zu Protesten in der Region – allerdings ohne Erfolg: Sämtliche Gefangene werden in andere Anstalten verlegt. Die Zuständigkeit für das Gelände und den Gebäudekomplex geht an den Landesliegenschaftsfond Niedersachsen. Wie es weitergeht, ist bis heute unklar. Aktuell wird das Gefängnis zum Kauf angeboten.

Das besondere Erlebnis

Wer mehr über die dunklen Zeiten der JVA Salinenmoor erfahren möchte, sollte das Buch der ehemaligen Gefängnisdirektorin Katharina Bennefeld-Kersten lesen. In *Die Geisel - Eine Gefängnisdirektorin in der Gewalt des Häftlings* beschreibt sie unpathetisch, minutiös und sachlich die Stunden in der Gewalt des Täters. Zudem berichtet sie in dem Buch über die Zeit nach dem Erlebten und ihre Rückkehr an den Arbeitsplatz. Das bereits 1998 erschienene Buch ist heute allerdings nur noch antiquarisch erhältlich.

Der letzte Mitarbeiter hat das Gefängnis schon lange verlassen.

11

GESPENSTISCHE LANDSTRASSE

Die geheimnisvolle Weiße Frau von der L282

Immer wieder kommt es auf der Landstraße L282 zu Unfällen. Autofahrer berichten von Begegnungen mit einer mysteriösen weißen Frau. Sie scheint es nicht mit allen schlecht zu meinen, aber für manche endet die Fahrt tragisch.

Lachtehausen, Celle, Landkreis Celle **Ort** 29223 Celle **GPS** 52.627973, 10.185433
Anfahrt Mit dem Auto nach Celle, weiter auf der L 282 über Lachtehausen in Richtung Lachendorf. Ca. 4 km nach Lachtehausen wird die Blaue Brücke überquert. An beiden Straßenseiten gibt es Parkmöglichkeiten.

Bei Tageslicht wirkt hier alles friedlich und überhaupt nicht unheimlich.

KREUZE AM WEGESRAND An der Landstraße 282 von Celle nach Lachendorf liegt das alte Waldgebiet Sprache. Nachts fahren hier nur selten Autos. Sie tauchen mit ihren Scheinwerfern die Bäume für ein paar Sekunden in helles Licht, dann verschwindet alles wieder in der Dunkelheit. Der Streckenverlauf ist gut einsehbar, und doch kam es hier in der Vergangenheit leider häufiger zu Unfällen. Kreuze am Wegesrand erinnern an diejenigen, die hier tragischerweise ihr Leben verloren haben. Um die Strecke und die Häufung von Unfällen ranken sich Geschichten, die auch einem Horrorfilm entsprungen sein könnten: Eine in weiß gekleidete Frau soll hier – vor allem in der Nähe der sogenannten Blauen Brücke, die über den Fluss Lachte führt – den Autofahrern erschienen sein. Seit Ende der 1970er-Jahre häufen sich Berichte über sie. So berichtete eine Gruppe von Jugendlichen von einem Erlebnis in einer feucht-fröhlichen Partynacht. Sie waren auf dem Weg zu einer Disco, als am Straßenrand plötzlich die Frau in einem schleierhaften weißen Gewand aufgetaucht sein soll. Die Jugendlichen erstarrten – alle im Auto wollen die Gestalt wahrgenommen haben. Einer der damals mit im Auto saß, ist Jens Bode. Er spricht sogar öffentlich über seine Begegnung mit der Weißen Frau. So ließ er sich beispielsweise 2016 von einer Produktionsfirma für das TV-Format »Haunted – Seelen ohne Frieden« mit Sky Dumont interviewen. Bode, mittlerweile über 50 Jahre alt, machte dabei nicht den Eindruck, ein Verrückter zu sein oder sich aufspielen zu wollen. Was er dort ganz ruhig und unprätentiös vor der Kamera berichtete, lässt jedoch erschauern: Zehn Jahre nach der denkwürdigen Nacht erzählt er einem neuen Bekannten von seiner damaligen Begegnung mit der Weißen Frau. Dieser lacht ihn nicht etwa aus oder verspottet ihn. Vielmehr berichtet auch der Bekannte davon, der Weißen Frau schon einmal begegnet zu sein.

WER IST DER GEIST? Während einige mutmaßen, dass die Weiße Frau die Seele einer Mutter sei, die an dieser Stelle ihr Kind durch einen Raser verloren habe, glauben andere, dass die Frau selbst hier Opfer eines Unfalls war und deswegen den Ort nicht verlassen kann. Von einem Unfall und einer Vergewaltigung, bei der niemand der Frau zu Hilfe gekommen sei, ist ebenfalls die Rede. Nichts ist belegt und immer neue Geschichten kommen hinzu. Fest steht: Viele meiden die Strecke in der Nacht. Zu groß ist die Angst, hier selbst einmal der Weißen Frau zu begegnen. Obwohl nicht nur Schlechtes von ihr berichtet wird, soll sie doch nicht nur für Unfälle und Fahrzeugschäden verantwortlich sein, sondern diese auch schon verhindert haben. So manch einer bremste ab, nachdem sie ihm ganz still, leise und fast schon sanft erschienen ist und konnte so einen Wildunfall vermeiden. Andere bemerkten nach dem Schreck, dass die mitgeführte Fracht nicht ordentlich gesichert war. Nur mit einem scheint die Weiße Frau in jedem Fall Probleme zu haben: Mit zu schnellen Autofahrern. Diese soll sie schon angehalten und dem Fahrer dann zwei Schlüssel für die Weiterfahrt angeboten haben. Der eine sorgt für eine gute und sichere Fahrt, mit dem anderen endet die Fahrt tödlich.

Das besondere Erlebnis

Der Fluss Lachte, den die Blaue Brücke überquert, ist vor allem bei erfahrenen Kanuten beliebt. Direkt an der Brücke besteht die Möglichkeit, eine solche Kanutour zu beginnen. Es sollte allerdings vorab der Pegel geprüft werden, da der Fluss nur bei ausreichendem Wasserstand befahren werden darf.

Die stillgelegte Bahnstrecke verlief entlang der Aller und sollte Fortschritt in die ländlichen Gebiete bringen.

12

FÜR IMMER STILLGELEGT

Die alte Oberallertalbahn

Verlassene Brücken und Schienenreste erinnern heute noch an die Oberallertalbahn, die vor Jahrzehnten Celle und Gifhorn verband. Dass an der Strecke einmal Palmen standen und es wie in Afrika aussah, hat mit einem Kassenschlager der Kinogeschichte zu tun.

Flettmar, Gemeinde Müden (Aller), Landkreis Gifhorn **Ort** 38539 Müden (Aller) **GPS** 52.537509, 10.327561 **Anfahrt** Mit dem Auto nach Gifhorn, danach die B188 in Richtung Burgdorf, nach einigen Kilometern rechts abbiegen in Richtung Müden (Aller) / Flettmar. In Flettmar in die Straße Kartoffelberg, dort oder in der Feldmark parken. Zu Fuß weiter zu den Eisenbahnbrücken. Die GPS-Koordinaten des ehemaligen Bahnhofs Offensen lauten: 52.562008, 10.240292

DER LETZTE ZUG IST ABGEFAHREN

Heute ist es schon fast nicht mehr vorstellbar, dass noch bis in die 1960er-Jahre hinein ein weit verzweigtes Netz an Bahnstrecken überall auf Niedersachsens Landkarten zu finden war und selbst kleinste Orte über einen Bahnhof verfügten. An ihnen wurden Holz, Kartoffeln, Rüben und andere Waren verladen, und die Menschen nutzten die Züge, um zur Arbeit zu fahren. Irgendwann setzte sich das Auto durch. Vor allem in den ländlichen und dünn besiedelten Gebieten wurden in der Folge zunehmend Bahnstrecken aufgegeben. Eine davon war die Oberallertalbahn, die auf einer Länge von gut 45 Kilometern Celle mit Gifhorn verband. Sie war Teil der Allertalbahn, die auf dem westlichen Abschnitt auch noch zwischen Celle und Verden verkehrte. Im Januar 1913 eröffnete die Strecke, die mit der Zeit für die Bahn unrentabel wurde. 1981 fuhr der letzte Personenzug auf ihren Schienen. Die Strecke wurde zurückgebaut, und nur wer genau hinsieht, findet heute noch Überreste der Schienen und Bahnanlagen, so wie beispielsweise in der Nähe des Ortes Flettmar, wo drei markante Eisenbahnbrücken schon von Weitem zu erkennen sind. Ihre rostroten Bögen, die besonders bei Sonnenschein ein schönes Fotomotiv abgeben, ragen weit über die umgebende Landschaft heraus. Die größte Brücke von ihnen führt über die Aller. Schienen gibt es auf und an den Brücken nicht mehr, aber dafür noch letzte Reste des Schotterbettes und alte Kilometersteine.

EIN FLUGZEUG STÜRZT AB 1939 kommt es zu einem Flugzeugabsturz auf den Schienen. Allerdings nur im UFA-Film *Kongo-Express*. Ein Filmteam hatte einen kurzen Abschnitt der Strecke in der Nähe des Bahnhofs des

↓ Die alten Brücken dürfen nicht betreten werden.

↘ Büsche und Bäume überwuchern die Gleise immer mehr.

Farbenfroher Kontrast zwischen Industrie und Natur: Hier finden Fotografen viele Motive.

Die ehemalige Streckenführung ist teilweise noch gut zu erkennen.

kleinen Ortes Offensen für den Dreh des Films mit den bekannten Schauspielern Marianne Hoppe und Willy Birgel ausgewählt. In einer Schlüsselszene des Films, bei dem Eduard von Borsody Regie führte, rettet einer der Hauptdarsteller seiner Verlobten, die mit dem namensgebenden »Kongo-Express« reist, durch einen absichtlich herbeigeführten Flugzeugabsturz das Leben. Der »Kongo-Express«, auf einer eingleisigen Strecke fahrend, drohte mit einem anderen Zug zu kollidieren. Das auf die Gleise abgestürzte Flugzeug bringt den Zug jedoch noch rechtzeitig zum Anhalten, und am Ende gibt es für die Hauptdarstellerin ein Happy End – allerdings mit einem anderen Mann. Dass das Drehbuch eine eingleisige Bahnstrecke verlangte, war auch ein Grund, warum der Bahnhof Offensen als Kulisse des Films gewählt wurde. Denn die Oberallertalbahn verkehrte tatsächlich nur eingleisig.

AFRIKANISCHE KULISSE AM BAHNHOF

Wie der Titel schon andeutet, spielt die Handlung des Films in Afrika. Kurzerhand wurde deswegen die Umgebung des Offenser Bahnhofes umdekoriert, indem unter anderem künstliche Palmen verschiedenster Größen aufgestellt wurden. Der Bahnhof Offensen hieß nun »Lukanga« und gleich nebenan entstand das kongolesische Urwalddorf »Mondombe«. Die Dampflokomotive, der »Kongo-Express« sowie das Flugzeug wurden beschafft. Zudem wimmelte es am Filmset nur so von Komparsen in exotischer Kleidung und mit Safarihüten. Man kann sich gut vorstellen, wie diese ganze Szenerie damals für große Aufregung in der ländlichen Gegend gesorgt hat.

SPURENSUCHE SCHWIERIG Wer heute hofft, an dem als Kulisse genutzten alten Bahnhofsgebäude in Offensen, das mittlerweile als Wohnhaus genutzt wird, noch Palmen oder andere Erinnerungen an den »Kongo-Express« zu finden, wird enttäuscht. Nur ein kleines Info-Schild weist darauf hin, dass vor Ort ein echter Kassenschlager produziert wurde. Aber immerhin existieren in der Umgebung noch Reste der Allertalbahn, wie Teile von Gleisen, die direkt vor dem ehemaligen Bahnhofsgebäude zu sehen sind. Sie sind allerdings nicht nur tief in der Straße verschwunden, sondern führen zudem nicht weiter. Wer genau hinsieht, kann aber noch die ehemalige Bahnsteigkante sowie den Weg erahnen, den die Schienen der Oberallertalbahn – und damit der »Kongo-Express« – hier einst genommen haben. Aber auch ein moosüberwachsener alter Kilometerstein, eine verwitterte Eisenbahnbrücke, die heute verwunschen im Wald liegt, und wundersame Schneisen zwischen den Bäumen erinnern daran, dass hier einmal Züge gefahren sind.

Das besondere Erlebnis

Die Oberallertalbahn beschäftigt immer noch bahninteressierte Menschen in der Region. So hat sich eine Arbeitsgemeinschaft für Eisenbahngeschichte gebildet, die die Geschichte der Allertalbahn niedergeschrieben hat. Auf der Webseite www.heimataller.de findet sich zudem eine Dokumentation der Allertalbahn von Carlo Pruchniewski, der die komplette Strecke der Allertalbahn abgefahren ist und von vielen Stationen Fotos gemacht hat. Für Liebhaber von verlassenen Bahnstrecken die richtige Anleitung, um weitere Überreste entlang der Strecke zu entdecken.

↓ Diese letzten Schienenreste der Bahn führen ins Nirgendwo.
↘ Unglaublich aber wahr: der Kongo-Express mitten in Niedersachsen

13

RIESIGE FEUERWALZE

Der große Heidebrand und seine Folgen

Auf den Spuren der Feuerwalze: Im August 1975 wüten mehrere Waldbrände in der Lüneburger Heide. Helfer und unzählige Tiere sterben, Bewohner werden verletzt, Wälder und Heide fallen dem Feuer zum Opfer.

Südheide, Landkreis Celle **Ort** 29320 Südheide **GPS** 52.788969, 10.130027
Anfahrt Mit dem Auto von Hermannsburg nach Oldendorf, dort links abbiegen auf die L281. Ca. 3 km nach dem Ortsausgang von Oldendorf rechts abbiegen. Nach weiteren 100 m nach links auf den bereits an der L281 ausgeschilderten Parkplatz Angelbecksteich einbiegen und parken. Die GPS-Koordinaten der Waldbrandgedenkstätte in Meinersen lauten: 52.46933, 10.38548

Bei Meinersen erinnert ein Gedenkstein an die Waldbrandkatastrophe.

GEDENKEN AN DIE TOTEN »Hier starben am 10. August 1975 fünf Kameraden der Freiwilligen Feuerwehren im Kampf gegen den Feuersturm.« In der Nähe von Meinersen erinnert heute ein großer Findling an die Todesopfer der bis dahin größten Waldbrandkatastrophe Deutschlands. Bilder der fünf Feuerwehrmänner sind auf einer Informationstafel abgebildet. Das jüngste Opfer, Hartmut Oelkers, starb mit nur 16 Jahren in den Flammen. Er war wohl erst kurz vor seinem Tod Mitglied der Freiwilligen Feuerwehr geworden, arbeitete hauptberuflich als Elektroinstallateur im elterlichen Betrieb. Am Angelbecksteich südlich von Hermannsburg erinnert ein weiterer Gedenkstein an die tragischen Tage des Heidebrands, der an diesem Ort tagelang wütete und so viel Leid mit sich brachte. Der Angelbecksteich ist auch Ausgangspunkt mehrerer ausgeschilderter Rundwege, auf denen Besucher sehen können, wie sich Natur und Landschaft nach der Waldbrandkatastrophe erholten und welche Lehren nach der Katastrophe gezogen wurden. Beispielsweise wurden neue Löschteiche künstlich angelegt – wie etwa der Angelbecksteich selbst, der sich mittlerweile ganz natürlich in die Umgebung einfügt. Auf den ersten Blick würde wohl niemand vermuten, dass der malerische Teich heute nur existiert, weil an diesem Ort einst tapfere Feuerwehrleute mit zu wenig Löschwasser zu kämpfen hatten. Das fehlende Wasser war allerdings nicht der

↓ Der Wanderweg »Auf den Spuren des großen Waldbrandes« ist gut ausgeschildert.

↘ Löschwasserentnahmestellen sollen verhindern, dass sich die Katastrophe wiederholt.

einzige Grund, warum die Situation im Jahr 1975 eskalierte.

BESTE BEDINGUNGEN Konstante Temperaturen von über 30 Grad füllten im August 1975 die Freibäder, die Menschen grillten und genossen die Sonne. Aber die Hitzeperiode und fehlender Regen sorgten auch dafür, dass die Nadelwälder der Lüneburger Heide ausgetrocknet waren. Gleichzeitig wehte ein starker Wind, der das Feuer später immer wieder anfachen sollte. Und damit nicht genug: In den Heidewäldern lagen damals große Mengen an Reisig und Ästen, die noch von einem Orkan aus dem Jahr 1972 stammten und genauso wie die vorhandene Monokultur der Kiefernbestände die spätere Ausbreitung der Flammen begünstigten.

BEGINN DER KATASTROPHE Am 8. August 1975 bricht bei Grußendorf und Stüde im Kreis Gifhorn ein Flächenbrand aus,

Ein weiterer Erinnerungsort: Gedenktafel beim Angelbecksteich

nachts frisst sich das Feuer unerbittlich seinen Weg. In den nächsten Tagen brechen weitere Feuer aus, die nur schwer einzudämmen sind. Durch die Windverhältnisse ist das Feuer unberechenbar. Mehrere Kilometer hoch sollen die Rauchsäulen gestiegen sein, über Niedersachsen hing eine 250-Kilometer-Rauchfahne, die selbst auf Aufnahmen eines sowjetischen Satelliten sichtbar war. Menschen, die nicht nur um ihr Hab und Gut, sondern um ihr Leben fürchten, werden aus ihren Häusern evakuiert. Tausende Feuerwehrleute aus dem gesamten Bundesgebiet, Sanitäter, Polizei, Bundesgrenzschutz und weitere Katastrophenschutzorganisationen sowie vor Ort stationierte deutsche, britische und niederländische Soldaten sind im Kampf gegen die Katastrophe im Einsatz. Polizeihubschrauber und französische Löschflugzeuge werden eingesetzt. Doch selbst vermeintlich sicheres Areal wie Bahnstrecken oder Straßen kann das Feuer überwinden. Gelöschtes lodert wieder auf. Es ist ein ungleicher Kampf gegen das Feuer, den die Helfer führen und erst am 17. August – also rund zehn Tage nach dem Ausbruch des ersten Feuers – gelingt es, die Brände unter Kontrolle zu bekommen. Am 22. August endet der Einsatz der letzten Feuerwehren. Zurück bleibt an vielen Orten eine verkohlte Mondlandschaft.

TRAURIGE BILANZ DES FEUERS Neben den fünf Feuerwehrmännern in der Nähe von Meinersen verloren in diesen Tagen zwei weitere Helfer ihr Leben. Über 80 Menschen wurden teilweise schwer verletzt, mehrere tausend Hektar Wald-, Heide- und Moorflächen zerstört. Ältere fühlten sich an die brennenden Städte im Zweiten Weltkrieg erinnert. Auch unzählige Tiere starben qualvoll oder verletzten sich im Feuer so schwer, dass sie im Nachgang von ihren Qualen erlöst werden mussten. Augenzeugen sprechen

Die vielen Kiefern sorgten dafür, dass sich der Brand schnell ausbreiten konnte.

von Vögeln, die wie Steine vom Himmel fielen. Was der Ausgangspunkt der Brände war, bleibt jedoch weitgehend unklar. Vermutungen reichen von Funkenflug des Bahnverkehrs über Fahrlässigkeit bis zu vorsätzlicher Brandstiftung.

LEHREN WERDEN GEZOGEN Nach Aufarbeitung des Brandeinsatzes steht fest: Der Einsatz war kein einfacher. Teilweise waren die Brandherde für die Löschkräfte über die unbefestigten Wald- und Heidewege nur schwer erreichbar. Die Wasserversorgung gestaltete sich stellenweise extrem schwierig, da Teiche, Kiesgruben oder Flüsse – für die Feuerwehr die natürlichen Wasserentnahmestellen – oft weit von den Brandstellen entfernt lagen. Sie mussten daher vielfach weite Wege zurücklegen, um Wasservorräte erst mühsam wieder aufzufüllen. Weitere Faktoren bei der Ausstattung und Organisation der Feuerwehr und anderer Helfer kamen hinzu. Nach dem Brand zog man daraus Lehren. Feuerwehren wurden besser ausgestattet, unter anderem mit Einsatzkarten speziell für den Fall von Waldbränden und neuen Einsatzfahrzeugen. Auch vor Ort wurden Veränderungen vorgenommen, wozu unter anderem der Versuch zählte, bei der Aufforstung reine Mono-Kulturen zu vermeiden, befestigte Zufahrtswege anzulegen sowie weitere Löschwasser-Entnahmestellen zu errichten.

Das besondere Erlebnis

Heute präsentiert sich die Landschaft rund um den Angelbecksteich wieder malerisch. Besuchen Sie die Gegend zur Heideblüte im August und September, da sie dann besonders reizvoll ist. Am Teich befinden sich mehrere Sitzgruppen und ein kleiner Rundpavillon, die zum Verweilen oder zu einer Rastpause bei einer Wanderung einladen.

Eng an eng stehen in der Fürstengruft teilweise kunstvoll verzierte Särge.

14

SÄRGE DER UNGLÜCKLICHEN

Die Fürstengruft in Celle

Wenige Stufen führen in der Celler Stadtkirche hinab in die Fürstengruft. Hier haben zwei Frauen ihre letzte Ruhestätte gefunden, die ein tragisches Schicksal vereint: Ihre Geliebten wurden getötet, und sie selbst verbannt.

Celle, Landkreis Celle **Ort** An der Stadtkirche 8, 29221 Celle **GPS** 52.624426, 10.081047 **Anfahrt** Mit dem Auto oder der Bahn nach Celle, weiter zu Fuß. Die St. Marienkirche liegt in der Fußgängerzone unweit des Schlosses.

SARG AN SARG Mitten in der Fußgängerzone, eingerahmt von wunderschönen alten Fachwerkhäusern, steht die St. Marien Stadtkirche in Celle. Jeden Tag um 16:45 Uhr steigt ein Turmbläser mit seiner Trompete den knapp 75 Meter hohen Turm empor und spielt in alle Himmelsrichtungen. Doch nicht nur das macht die Stadtkirche in Celle so besonders: Sie ist auch eine Grabeskirche mit einer fürstlichen Gruft, die Wilhelm der Jüngere, Herzog zu Braunschweig-Lüneburg, im Jahr 1576 für die herzogliche Familie errichten ließ. Die Gruft kann derzeit mittwochs und donnerstags jeweils 16:00 Uhr im Rahmen einer geführten Besichtigung betreten werden. Dann wird die alte, hölzerne Falltür inmitten der schönen Kirche geöffnet, und ein Loch tut sich im Boden auf. Wer sich traut, gelangt über ein paar alte Treppenstufen aus Stein hinunter in die Gruft. Kronleuchter tauchen den Raum in ein dämmriges Licht, 17 Mitglieder des welfischen Adelshauses wurden hier beigesetzt. Ihre Särge stehen dicht an dicht und reichen von schlichten Exemplaren bis hin zu aufwendig mit barocken Elementen verzierten Anfertigungen. Die Kirche hat auf den Särgen dezente Namensschilder platziert. Vor allem zwei Namen stehen in der Gruft immer noch für ihr trauriges Schicksal.

PRINZESSIN VON AHLDEN Die verbannte Prinzessin und eine der Unglücklichen, die in der Gruft ihre letzte Ruhestätte gefunden haben, ist Sophie Dorothea von Braunschweig-Lüneburg, die »Prinzessin von Ahlden«. Ursprünglich sollte sie in Ahlden, einem kleinen Ort nordwestlich von Celle, begraben werden, doch wie so vieles in ihrem Leben verlief selbst ihr Begräbnis anders als geplant. 1666 kommt Sophie Dorothea als Tochter des Herzogs Georg Wilhelm

↓ Unter dieser schlichten Holztür führen Stufen hinab in die Gruft.

↘ Die Stadtkirche St. Marien liegt im Zentrum von Celle.

von Braunschweig-Lüneburg und der Hugenottin Eleonore Desmier d'Olbreuse zur Welt. Die Ehe ihrer Eltern war eine Liebesheirat, was zu damaliger Zeit eher eine Ausnahme war. Das Mädchen ist aufgeweckt, ihre Kindheit weitgehend sorgenfrei. Die Wende kommt, als sie ihren Cousin Georg Ludwig von Braunschweig-Lüneburg, den späteren Kurfürst (ab 1698) und britischen König (Georg I., ab 1714), heiraten soll. Sophie Dorothea wehrt sich, kann aber nichts ausrichten. 1682 heiraten beide und bekommen zwei Kinder. Schon bald existiert die Ehe aber nur noch auf dem Papier: Georg Ludwig nimmt sich eine Mätresse, während Sophie Dorothea eine leidenschaftliche Affäre mit Philipp Christoph von Königsmarck, einem Oberst in der herzoglichen Leibgarde, beginnt. Nachdem sie ihre Eltern erfolglos darum gebeten hat, in eine Scheidung einzuwilligen, plant sie, mit ihrem Geliebten zu flüchten. Der Fluchtplan fliegt jedoch auf. Um seine Ehre wiederherzustellen, lässt sich Georg Ludwig im Jahr 1694 von Sophie Dorothea scheiden und verdammt sie nach Ahlden. Ihr Geliebter gilt bis heute als verschollen und wurde sehr wahrscheinlich auf Anweisung des hannoverschen Herrscherhauses getötet. Über 30 Jahre verbringt Sophie Dorothea daraufhin isoliert und bewacht auf Schloss Ahlden. Trotz vielfältiger Bitten darf sie ihre Kinder – Georg August, ab 1727 Georg II. König von Großbritannien und Irland, und Sophie Dorothea, die später als Ehefrau des »Soldatenkönigs« Friedrich Wilhelm I. und Mutter von Friedrich II. von Preußen Berühmtheit erlangen sollte – nie wieder sehen. Im November 1726 stirbt Sophie Dorothea. Ihr geschiedener Mann, mittlerweile Georg I. König von Großbritannien, verfügt daraufhin, sie solle ohne Trauerzeremonie auf dem Friedhof in Ahlden beigesetzt werden, was zunächst aufgrund von schlechten Witterungsverhältnissen nicht möglich ist. Ihr Sarg wird daher vorübergehend im Ahldener Schlosskeller aufbewahrt, bis er im Mai des darauffolgenden Jahres heimlich in die Celler Gruft gebracht wird, wo er bis heute steht.

Schloss Ahlden wird heute als Kunstauktionshaus genutzt.

DIE UNGLÜCKLICHE KÖNIGIN Jahre später erleidet die Urenkelin von Sophie Dorothea ein ähnliches unglückliches Schicksal. Caroline Mathilde von Hannover ist 15 Jahre alt, als sie 1766 mit ihrem Cousin, dem als geistesgestört geltenden dänischen König Christian VII., verheiratet wird. Als dänische Königin bekommt sie zwei Kinder, doch der König liebt sie nicht und erklärt dies auch öffentlich. Auf einer Reise durch Europa, die Christian VII. ohne seine Frau unternimmt, wird er von dem Arzt Johann Friedrich Struensee begleitet. Der Arzt erlangt sein Vertrauen und immer mehr Einfluss im Land, den er unter anderem dazu nutzt, die Macht des Adels zu mindern und

Die Geschichten der früheren Bewohner des Celler Schlosses bewegen noch heute.

zahlreiche Reformen durchzusetzen. Caroline Mathilde verliebt sich in Struensee. Es entstehen Gerüchte, die beiden wollten den König zur Abdankung zwingen. Struensee wird verhaftet, schuldig gesprochen und 1772 hingerichtet. Im selben Jahr wird die Ehe von Caroline Mathilde aufgelöst, die ehemalige Königin von ihren Kindern getrennt und nach Celle verbannt. Dort hofft sie, dass ihr Mann wegen seiner fortschreitenden Erkrankung des Amtes enthoben wird und sie zu ihren Kindern nach Dänemark zurückkehren kann. Doch mit nur 24 Jahren stirbt Caroline Mathilde 1775 überraschend nach kurzer Krankheit. Heute liegt auch sie – in einem aufwendig dekorierten Sarg – neben ihrer Urgroßmutter Sophie Dorothea in der Celler Fürstengruft.

Das besondere Erlebnis

Weitere Informationen zu der Gruftführung sowie anderen Führungen, die in der Celler Stadtkirche angeboten werden, gibt es unter www.stadtkirche-celle.de. Nur wenige Schritte von der Stadtkirche entfernt liegt das Celler Schloss, in dem sich auch das Residenzmuseum befindet. Hier erfahren Interessierte noch mehr über die beiden unglücklichen Damen und die Geschichte der Welfen (www.residenzmuseum.de). Schloss Ahlden ist mittlerweile in Privatbesitz und beherbergt ein Kunstauktionshaus. Eine Dauerausstellung zu der Geschichte Sophie Dorotheas kann jedoch im Rathaus von Ahlden besucht werden. Weitere Informationen: www.urlaub-aller-leine-tal.de

15

AKTION FEUERZAUBER

Das Celler Loch und die Bomben

Bei einem fingierten Ausbruchsversuch wird ein Loch in die Außenwand der Justizvollzugsanstalt Celle gesprengt – das sogenannte Celler Loch. Noch heute steht vor dem modernen Eingang des Gefängnisses genau dieses Mauerstück und erinnert an die »Aktion Feuerzauber«.

Celle, Landkreis Celle **Ort** Trift 14, 29221 Celle **GPS** 52.6226050, 10.0646732
Anfahrt Mit dem Auto oder der Bahn nach Celle, weiter zu Fuß. Die JVA Celle liegt ca. 400 m vom Bahnhof Celle entfernt.

Auf diese Außenmauer wurde der Anschlag verübt.
Über die Aller kamen die Täter wohl mit einem Schlauchboot.

EIN MAUERSTÜCK SCHREIBT GESCHICHTE Die Justizvollzugsanstalt Celle liegt sehr zentral in unmittelbarer Nähe des Bahnhofs, und auch zum schönen Celler Schlosspark ist es nur ein kurzer Fußweg. Mit dem großen Glockenturm, den schneeweißen Wänden und dem roten Dach wirkt das frühere Hauptgebäude, dessen Haupteingang in der Straße Trift ist, zunächst gar nicht wie ein Gefängnis, und so mancher Tourist mag den imposanten Bau auf den ersten Blick sogar schon mit dem Schloss verwechselt haben. Auf der Rückseite des neu gebauten Gebäudekomplexes fließt die Aller. Eine hohe, graue Mauer sorgt hier dafür, dass kein Insasse entkommt. In der Nacht zum 25. Juli 1978 erschütterte an dieser Stelle ein ohrenbetäubender Knall die Stadt. Eine Bombe war an der Außenmauer detoniert, ihr Feuerball erhellte die Nacht. Die Explosion riss ein Loch von rund 40 Zentimeter Durchmesser in die dicke Mauer des Gefängnisses. Später wird ein Betonteil mit dem Loch aus der Gefängnismauer geschnitten und vor dem modernen Haupteingang des Gefängnisses, in einen Edelstahlrahmen eingefasst, ausgestellt. Wer davor steht, sieht sofort: Durch dieses Loch hätte niemals jemand flüchten können. Dennoch löste die Explosion gleich zweimal eine Er-

↑ Wachtürme sorgen dafür, dass hier niemand ausbricht.
↗ Dieses Loch wurde in die Mauer gesprengt. Es steht eingefasst vor dem neuen Haupteingang.

schütterung aus: An der Außenmauer des Gefängnisses in der Nacht des Geschehens und viele Jahre später in der Politik.

WAS IN DER NACHT PASSIERTE Wie sich im Zuge der Ermittlungen herausstellte, kamen die Täter in der Dunkelheit mit einem Schlauchboot über die Aller. Die Sprengladung, die sie an der Außenmauer des Gefängnisses angebracht hatten, detonierte kurz vor 3:00 Uhr. Im Anschluss an die Tat äußerte sich der damals frisch wiedergewählte niedersächsische Ministerpräsident Ernst Albrecht zu den vermeintlichen Hintergründen und verkündete, dass Linksterroristen versucht hätten, ihren in der Justizvollzugsanstalt Celle einsitzenden Genossen Sigurd Debus zu befreien. Das mutmaßliche RAF-Mitglied Debus ist damals unter anderem wegen Überfällen sowie der Vorbereitung von zwei Bombenanschlägen inhaftiert. Bereits kurz nach dem vermeintlichen Befreiungsversuch hatten Polizeibeamte die Zelle von Sigurd Debus durchsucht und dort angeblich Ausbruchswerkzeuge gefunden. Allerdings gab es Ungereimtheiten, denn Debus lag zum Zeitpunkt des Anschlags im Bett und schien nicht auf eine Befreiung vorbereitet gewesen zu sein. Trotz offener Fragen berichteten die Medien von dem Vorfall als einem Terroranschlag der RAF. Ein Mithäftling von Debus geriet unter Verdacht, da er aus seinem Hafturlaub nicht zurückgekehrt war. Die Fahndung nach ihm blieb jedoch erfolglos.

DIE WAHRHEIT Erst acht Jahre später kommt die Wahrheit durch die Aufklärungsarbeit eines Journalisten der *Hannoverschen Allgemeinen Zeitung* ans Licht und

Maske über dem alten Toreingang des ursprünglich als »Zucht- und Tollhaus« eröffneten Gefängnisses.

lässt – diesmal sprichwörtlich – eine zweite Bombe platzen: V-Männer des niedersächsischen Verfassungsschutzes waren für die Detonation der Bombe verantwortlich. Ziel der verdeckten »Aktion Feuerzauber« war die Einschleusung von Informanten in die RAF. Wie sich herausstellte, wussten neben dem niedersächsischen Verfassungsschutz und der Landesregierung nur wenige andere Stellen, etwa die Anstaltsleitung, von den tatsächlichen Vorgängen. Die Öffentlichkeit und sogar die zuständigen Strafverfolgungsbehörden wurden dagegen planmäßig getäuscht. Die niedersächsische Landesregierung verteidigte in einem daraufhin eingesetzten Untersuchungsausschuss die Aktion: Diese sei ein Erfolg gewesen, da unter anderem weitere Straftaten vereitelt worden seien. Dennoch war das Vertrauen in Politik und Sicherheitsorgane nach den neuen Enthüllungen über die Sprengung erschüttert.

Das besondere Erlebnis

Allen, die sich für das »Celler Loch« und weitere historische und neuzeitliche Kriminalfälle rund um Celle interessieren, sei die »Celler Kriminaltour« ans Herz gelegt. Gästeführer Klaus Waschkewitz war bis Herbst 2018 Kriminalbeamter in Führungsfunktionen in Celle und Hannover. Nach seiner Pensionierung hat er die Tour mit viel Liebe fürs Detail selbst entwickelt. Er führt als »Kommissar Cellander« durch die Welt des Verbrechens mit spannenden Kriminalgeschichten, zumeist an Originalschauplätzen. Bei Interesse einfach bei klaus.waschkewitz@gmx.de melden.

Schon von Weitem leuchten die bunten Überreste der Ziegelei im Wald.

16

AUSGEBRANNT UND ANGESPRÜHT

Die bunten Reste der alten Ziegelei

Viele bunte Graffiti zieren heute die Überreste der alten Ziegelei. Hier wollten drei Freunde sich den Traum eines eigenen Unternehmens erfüllen und scheiterten an der schlechten Qualität ihrer Erzeugnisse.

Hambühren, Landkreis Celle **Ort** Auf den Togen 1000, 29313 Hambühren **GPS** 52.654172, 9.953556 **Anfahrt** Mit dem Auto von der A7 kommend über die B214 Richtung Celle; in Hambühren-Ovelgönne auf die L298 Richtung Oldau, in Oldau abbiegen in den Schwarzen Weg Richtung Kläranlage Hambühren, zu Fuß ca. 200 m rechts an der Kläranlage entlang in den Wald.

LEUCHTEN IM WALD Wer sich die bunten Mauerreste der alten Ziegelei mitten im Wald nordöstlich von Hambühren ansehen möchte, sollte kurz vor der Ankunft besser die Luft anhalten. Denn der Weg zu den Überresten der Fabrik, die heute mit farbenfrohen Graffiti vollgesprüht sind, führt direkt an der örtlichen Kläranlage vorbei, die einen unangenehmen Geruch verbreitet. Genau an dieser Stelle drehte 2016 übrigens auch Wotan Wilke Möhring für einen Tatort – aber das nur nebenbei. Etwas weiter also, mitten im Wald, stehen die Mauerreste der Ziegelei. Sie leuchten schon von Weitem zwischen den Bäumen hervor. Im direkten Umkreis finden sich noch weitere steinerne Fundamente. Der Ort scheint heute ein Treffpunkt – vielleicht für Jugendliche aus der Gegend – zu sein. Verkohlte Äste, die zwischen Steinen liegen, deuten auf jeden Fall darauf hin, dass hier vor Kurzem noch ein Feuer gemacht wurde.

FARBENFROHE GRAFFITI Die Graffiti zeigen verschiedene Motive. Vor allem an den Innenwänden wurden dabei leuchtende Farben genutzt, die heute dafür sorgen, dass die Mauern im Wald grell hervorstechen. Besonders ins Auge springt ein spinnenartiges Insekt. Das braune Tier hat einen riesigen Körper und viele Beine. Zwischen ihnen hält es ein rosa Herz, um das es bereits Fäden gesponnen hat. Ein Loch in der Wand dient als Auge. Das Tier hebt sich stark von der himmelblauen Wand ab. Auffällig ist auch die Bemalung eines Steines in Form eines gelben Autos mit der Zahl 78. Dadurch, dass der Stein ein wenig schräg liegt, sieht es fast so aus, als ob hier ein Fahrzeug in die Ruine gefahren ist und jetzt

Auf der Ruine finden Besucher Botschaften in weißer Schrift.

Das alte Gemäuer ist heute überzogen von bunten Graffiti.

darin feststeckt. Tiefschwarze Bäume vor abendlicher Lichtstimmung sowie Totenkopf-Abbildungen sorgen zusätzlich dafür, dass dieser Ort eine fast mystische Stimmung ausstrahlt. »Versteckte Kunst im Oldauer Wald« betitelte die *Cellesche Zeitung* einst einen Artikel zu den Gemäuern. Ein gewisser Taurus hat mit weißer Schrift auf den Mauern Nachrichten hintergeben und bedankt sich für die »Seite 1«. Es wirkt fast so, als ob er auf den Artikel anspielt. Ob die gleiche Person die farbenfrohen kleinen Bilder an den Wänden und Steinen ebenfalls angebracht hat? Man weiß es nicht.

DREI FREUNDE, GROSSE HOFFNUNG

Die Geschichte der Ziegelei geht auf die Zeit um 1900 zurück und lässt sich in den Winser Geschichtsblättern nachlesen. Dort wird berichtet, dass drei Freunde gemeinsam eine Fabrik eröffneten. Mit Brunnenringen, Zaunpfählen und Dachziegeln aus Zement und Kies wollten sie erfolgreich werden. Sie

Die Mauerreste lassen erahnen, wo hier früher die Fabrik stand.

↑ Einige Werke lassen dem Betrachter Freiraum für Interpretation.
↗ Wo früher Türen und Fenster waren, ist noch gut zu erkennen.

gründeten die Firma Bornemann und Timme und bauten in dem heutigen Waldstück ihre Produktionsstätte. Betonwände wurden gezogen, ein Ofen und ein Schornstein sorgten dafür, dass im Winter ebenfalls produziert werden konnte. Das Geschäft florierte. Doch der Erfolg war nicht von langer Dauer: Bereits nach wenigen Jahren kamen die ersten Beschwerden über die Qualität der hergestellten Produkte. Zwei Hausbesitzer, deren Dächer mit Oldauer Zementziegeln eingedeckt waren, beklagten, dass die Ziegel nicht nur zerbrächen, sondern zudem Regenwasser durchließen und sehr schnell von Moos bedeckt wären. Auch wenn die Unternehmer daraufhin die Ziegeln austauschten: Der Ruf der Firma war ruiniert, der Umsatz sank, und so wurde bald darauf der Betrieb eingestellt und die Ziegelei letztendlich dem Verfall überlassen.

Das besondere Erlebnis

Nur circa zwei Kilometer von der alten Ziegelei entfernt liegt in der Schleusenstraße in Hambühren das historische Wasserkraftwerk Oldau. Es ist das einzige seiner Art in Deutschland, das in seinem ursprünglichen Zustand erhalten geblieben ist und immer noch Strom an das Netz liefert. Für Interessierte bietet der Heimatverein Hambühren e. V. Führungen an. Aber auch ohne Führung lohnt sich ein Besuch dieses technischen Denkmals.

17

SCHWARZE GESPENSTER

Auf den Spuren des Erdöls in Wietze

Der kleine Ort Wietze war Anfang des 20. Jahrhunderts Deutschlands Erdölmetropole. Noch heute erinnern im ehemaligen »Texas der Lüneburger Heide« unter anderem der Ölberg und ein Museum an die fast vergessene Zeit, als die Heide im Ölrausch war.

Wietze, Landkreis Celle **Ort** Schwarzer Weg 7-9, 29323 Wietze **GPS** 52.66037, 9.833584
Anfahrt Mit dem Auto über die A7, Abfahrt Schwarmstedt, weiter auf der B214 in Richtung Celle bis Wietze. Das Erdölmuseum Wietze ist vor Ort ausgeschildert. Alternativ mit der Bahn bis Celle, weiter mit dem Bus nach Wietze, von der Haltestelle zu Fuß zum Museum.

Relikte am Originalschauplatz:
Das Deutsche Erdölmuseum wurde auf einem ehemaligen Erdölfeld erbaut.

TEXAS IN DER HEIDE Bei Erdöl denkt man wahrscheinlich in erster Linie an Wüsten und steinreiche Ölscheichs. Dass das »Schwarze Gold« aber auch in der Lüneburger Heide einmal nur so sprudelte, gerät immer mehr in Vergessenheit. Dabei lag westlich von Celle, genauer gesagt in dem kleinen Ort Wietze, einst das produktivste Erdölfeld Deutschlands. Riesige Bohr- und Fördertürme reihten sich hier aneinander und prägten die Landschaft. »Klein Texas in der Heide« wurde Wietze damals genannt. Bis zu 80 Prozent der deutschen Produktion kamen damals aus dem kleinen Heideort. Dies stieß jedoch nicht bei allen auf Begeisterung. So schrieb der Heidedichter Hermann Löns, der als großer Naturliebhaber bekannt war, 1910 in seiner Ballade »Der Bohrturm«: »Es steht ein schwarzes Gespenst im Moor; das ragt über Büsche und Bäume empor. Es steht da groß und steif und stumm; sieht lauernd sich in Kreise um. (…) Die Flamme loht, die Kette klirrt, es zischt der Dampf, der Ruß, der schwirrt, der Meißel frißt sich in den Sand; der schwarze Tod geht durch das Land.« Vier dieser »Gespenster« stehen heute noch an originaler Stelle – im Erdölmuseum in Wietze. Der 54 Meter hohe Turm 70 auf dem Freilichtgelände des Museums ist mittlerweile zum Wahrzeichen der Gemeinde geworden. Aber auch eine der weltweit ersten Erdölbohrungen überhaupt hat nicht in Dubai oder Texas, sondern 1858/59 in Wietze stattgefunden, sodass Wietze zudem als »Wiege der Erdölindustrie« bezeichnet wird.

SATANSSPECK VOM ACKER Schon lange bevor die erste Erdölbohrung im Jahr 1652 stattfand, wurde in Wietze der erste Ölfund dokumentiert. Auf dem Acker eines Bauern drang öliger Sand aus einer sogenannten Teerkuhle, der gewaschen unter anderem als Wagenschmiere und Holzschutzmittel verkauft wurde. Die Menschen schrieben der zähflüssigen Masse außerdem Heilkräfte zu – drei Löffel täglich seien gut für die Nerven, aber auch gegen Heiserkeit und Hundebisse sollte der im Volksmund »Satansspeck« genannte »Teersand« aus der Heide helfen. In späteren Zeiten diente dieser Sand zudem als Straßenbelag.

Gedenkstelle für eine der ersten fündigen Erdölbohrungen der Welt

ERSTE BOHRUNG Im Frühjahr 1858 kam der renommierte Naturwissenschaftler Georg Christian Hunäus nach Wietze, das zu dieser Zeit lediglich aus neun Bauernhöfen bestand. Er suchte im Auftrag der Regierung des damaligen Königreichs Hannover nach Bodenschätzen wie Braunkohle, denen im Zuge der Industrialisierung eine immer größere Bedeutung zukam. Die Bohrarbeiten vor Ort übernahm der Bohrmeister Hahse, der den Handbohrer an der bedeutendsten Teerkuhle ansetzen ließ. Im Rahmen dieser Arbeiten stieß er zwar nicht auf Braunkohle, und auch wenn die Bohrung schließlich bei gut 35 Metern aufgrund eines großen Findlings erfolglos abgebrochen werden musste, floss der »Erdteer« fortan umso besser. Damit war der Anfang für die bohrtechnische Erschließung des Wietzer Ölfelds gemacht, wenngleich der Ölboom noch einige Jahre auf sich warten ließ.

DER ÖLBOOM SETZT EIN Erst als in Texas der Ölboom ausbrach, die Nachfrage nach Petroleum als Leuchtöl stieg und der Bohrunternehmer Hasenbein in Wietze ein ergiebiges Ölfeld fand, ging es ab 1899 Schlag auf Schlag. Im kleinen Heidedorf siedelten sich immer mehr Firmen an, und die gesamte Infrastruktur wurde auf Erdölförderung ausgelegt. Nachdem das Öl anfangs noch in Holzfässern auf Pferdefuhrwerken nach Celle oder Schwarmstedt transportiert wurde, erfolgte schon bald der Bau einer Bahnlinie nach Wietze. Zusätzlich wurde die Aller als Schifffahrtsweg ausgebaut, sodass auch der Transport des Öls per Schiff möglich wurde. Dutzende riesige Tankanlagen, eine Raffinerie und eine Verladestelle entstanden, ab 1918 sogar ein Erdöl-Bergwerk mit zuletzt fast 95 Kilometer Streckenlänge. Bei der Suche nach Erdöl konkurrierten mehrere Firmen miteinander, und Wietze veränderte sich: Die Einwohneranzahl stieg, zeitweise arbeiteten bis zu 1.000 Arbeiter auf dem Ölfeld und eine Arbeitersiedlung entstand. Aus dem ruhigen Heidedorf wurde ein Industriestandort mit allen Vorteilen, aber auch negativen Begleiterscheinungen. So stieg die Kriminalität, Schlägereien waren an der Tagesordnung, und bereits 1909 beschwerten sich Anwohner über Prostituierte im Ort. Andere wiederum profitierten: Einige Bauern verdienten am »Schwarzen Gold« sehr gut und wurden Millionäre. Bereits 1917 war das Ölfeld der wichtigste Wirtschaftsfaktor für die gesamte Region. 1963 wurde die Erdölförderung aus

»Klein Texas in der Heide«: Bis Anfang der 1960er-Jahre wurden in Wietze über 2000 Bohrungen durchgeführt.

↑ Ein Besuch des »Ölbergs« lohnt schon allein wegen der Fernsicht.
↗ Überall in Wietze finden sich noch Relikte aus einer anderen Zeit.

wirtschaftlichen Gründen eingestellt, da das Wietzer Öl aufgrund hoher Produktionskosten (da überwiegend bergmännischer Abbau) nicht mehr konkurrenzfähig war.

FRÜHERER GLANZ NOCH IMMER SICHTBAR Noch heute stehen in Wietze stattliche Wohn- und Geschäftshäuser aus der Zeit um 1900 als Zeugen des ehemaligen Reichtums. Die Wintershall Dea betreibt vor Ort ebenfalls noch ihren Bohrbetrieb. Ein weiterer Erinnerungsort an die zurückliegenden Zeiten in Wietze ist der gut 41 Meter hohe Ölberg, an dem einst Waschsand und Abraum abgeladen wurden. Heute ist der Berg wieder bewachsen, und man hat von ihm einen wundervollen Weitblick über die Südheide. Bereits 1979 wurde das Erdölmuseum eingerichtet, das sich bis heute auf einem Teilstück des ehemaligen Ölfeldes befindet, der sogenannten Teufelsinsel. Auf dem fast zwei Hektar großen Freigelände können sich Besucher die originalen Produktionseinrichtungen ansehen. Weitere Informationen gibt es unter www.erdoelmuseum.de

Das besondere Erlebnis

Das Erdölmuseum Wietze hat eine kostenlose Museums-App herausgebracht, die in den App-Stores heruntergeladen werden kann. Sie bietet drei GPS-gesteuerte Entdecker-Touren zu Erinnerungsorten der Wietzer Erdölzeit und kann auch unabhängig von einem Museumsbesuch (der allerdings sehr zu empfehlen ist!) als Informationsquelle genutzt werden. Eine Tour führt beispielsweise durch das ehemalige Öldorf und zu zahlreichen historischen Gebäuden vor Ort. Alte Bilder zeigen in der App, wie es hier einst ausgesehen hat.

Der präparierte Kopf des Wolfes, der auch nach seinem Tod für Furore sorgte, ist heute ein Ausstellungsstück.

18

AUS ANGST ABGESCHOSSEN

Der Würger vom Lichtenmoor

Ein Gedenkstein erinnert heute an das blutige Ende eines streunenden Wolfes, auf den einst über 1.500 Menschen Jagd machten und der auch über seinen Tod hinaus noch für Furore sorgte.

Eilte, Gemeinde Ahlden (Aller), Landkreis Heidekreis **Ort** 29693 Ahlden (Aller) **GPS** 52.732844, 9.478991 **Anfahrt** Mit dem Auto bis nach Eilte, dort vorzugsweise am Ende der Straße Am Busche oder in der Nähe parken. Weiter zu Fuß oder – besser – per Fahrrad (ca. 2,3 km)

HYSTERIE MACHT SICH BREIT In einem rund 30 Kilometer großen Gebiet der damaligen Landkreise Neustadt am Rübenberge und Nienburg (Weser) sowie in dem kaum besiedelten Lichtenmoor breiteten sich im Jahr 1948 unter der Bevölkerung Angst und Schrecken aus. Im Mai 1948 fielen in den weiten Heide- und Moorgebieten fast jeden Tag Weidetiere einem unbekannten Tier zum Opfer. Von 100 Schafen und 65 Rindern war teilweise die Rede. Vielen Schafen wurde dabei die Kehle durchgebissen. Die Bevölkerung, Journalisten und – zum Teil selbsternannte – Experten wetteiferten darum, das Tier zu bestimmen, das längst zum Feindbild der Menschen geworden war. List und Verschlagenheit wurden ihm ebenso zugeschrieben wie ein besonders lautloses und blutrünstiges Vorgehen. Auch unglaublich stark sollte das Tier sein, sogar in der Lage, ganze Rinder meterweit zu schleppen oder mit einem gerissenen Reh in den Fängen einen breiten Weg zu überspringen. Einige wollten ein großes zotteliges Tier gesehen haben, andere beschrieben einen Hund. Schnell machten Gerüchte die Runde und wurden immer wilder: Von einem Puma, der die Gegend unsicher macht, war ebenso die Rede wie von einem Löwen oder Tiger, und sogar ein Werwolf wurde für die Taten verantwortlich gemacht. Die Fantasie derer, die da rätselten, schien keine Grenzen zu haben und die Angst wurde immer größer: Die Menschen blieben nachts zu Hause, Tiere wurden abends von den Weiden geholt, und Frauen weigerten sich auch tagsüber, zum Melken zu gehen oder Beeren zu sammeln.

DIE JAGD BEGINNT Auf dem Höhepunkt der Spekulationen schickte der Hamburger Tierpark Hagenbeck öffentlichkeitswirksam den Tierfänger und Afrika-Spezialisten Hein Oberjohann in die Gegend. Er soll vier Tage und Nächte im Lichtenmoor unterwegs gewesen sein, bis er schließlich verkündete, dass es sich bei dem mittlerweile von den Medien als »Würger von Lichtenmoor« getauften Tier um einen wildernden Hund handeln würde. Oberjohann riet, alle Hunde der Gegend anzuketten. Hunde, die nun

↓ Noch zu bestaunen: die Waffe, mit der der Wolf geschossen wurde

↘ Auf dem Radrundweg »Die Wolfstour« finden sich viele spannende Informationen.

Das Heimatmuseum Rodewald zeigt eine Ausstellung zum »Würger von Lichtenmoor«.

noch frei herumliefen, müssten erschossen werden. Schon bald wurde aber klar, dass sich Oberjohann geirrt hatte: Nicht ein wildernder Hund, sondern ein Wolf war der Übeltäter! In der Folge organisierte die damals noch amtierende Militärregierung, nicht zuletzt vor dem Hintergrund der herrschenden Nahrungsknappheit, die durch die hohe Zahl an gerissenen Weidetieren noch verstärkt wurde, eine beispiellose Treibjagd. Die teilnehmenden Jäger wurden von der Militärregierung eigens mit Waffen ausgestattet. Einige Quellen sprechen von bis zu 1.500 Deutschen und alliierten Soldaten, die mit Leuchtkugeln, Motorrädern und Trompeten bewaffnet versuchten, den Wolf einzukesseln. Sämtliche Versuche blieben jedoch zunächst erfolglos.

DAS ENDE DES WOLFES An der Jagd auf den »Würger vom Lichtenmoor« hatte sich auch der damals 61-jährige Jäger Hermann Gaatz beteiligt. Er vermutete von Anfang an einen Wolf hinter den Taten. Als sich die Berichte über gerissene Schafe und Rinder häuften, hatte er beim Kreisjagdbeauftragten eine Schrotflinte beantragt und diese genehmigt bekommen. Mehr als fünf Wochen verbrachte er Nacht für Nacht auf seinem Hochsitz im Lichtenmoor. Am Abend des 27. August 1948 war es schließlich soweit: Gaatz bemerkte einen grauen Schatten in einer Kieferndeckung und erlegte mit seiner Schrotflinte einen 95 Pfund schweren und 1,70 Meter langen Wolf, der im Anschluss als der »Würger « identifiziert wurde. Am Ort des Abschusses erinnert heute ein Gedenkstein, der sogenannte Wolfsstein, an diesen Tag. Seine Erinnerungen an die damalige Jagd hat Hermann Gaatz aufgeschrieben; die kleine Broschüre »Der Würger vom Lichtenmoor«, in der diese Erinnerungen enthalten sind, kann heute noch im Rathaus Ahlden erworben werden.

DAS DRAMA GEHT WEITER Wenn es nach den ursprünglichen Plänen gegangen wäre, hätte der von Hermann Gaatz getötete Wolf als präparierter »Museums-Wolf« ausgestellt werden sollen. Doch so weit sollte es nicht kommen. Denn Hermann Gaatz gab den Kadaver des Wolfes zwei Herren mit, die sich ihm wohl als Mitarbeiter der Tierärztlichen Hochschule Hannover sowie des Hannoverschen Landesmuseums vorstellten und mitteilten, vom Landesforstmeister beauftragt worden zu sein, den toten Wolf abzuholen. In Wirklichkeit handelte es sich dabei aber um zwei Journalisten, die mit dem toten Tier zwar nach Hannover fuhren, den Kadaver aber so lange in ihrem Kofferraum behielten, dass man ihn nicht mehr präparieren konnte. Warum sie dies taten, blieb ihr Geheimnis. Überreste wie der Originalschädel und die mächtigen Reißzähne des »Würgers vom Lichtenmoor« existieren noch heute. Vom Schädel wurde ein Gipsabdruck genommen, der mit Fell überzogen wurde; der derart präparierte Kopf wird weiterhin als Ausstellungsstück verwendet.

OFFENE FRAGEN Offen – und vermutlich auch nicht mehr zu klären – ist die Frage, woher der Wolf, ein damals in der Gegend seltenes Tier, ursprünglich gekommen ist. Eine Theorie besagt, dass der Wolf von zwei russischen Soldaten aus Russland mitgebracht worden und dann entflohen sei. Eine andere Theorie vermutet, dass der Wolf während einer nächtlichen Bombardierung aus einem Zoo oder Zirkus ausgerissen sei. Ebenfalls unsicher ist, ob wirklich alle getöteten Tiere dem Wolf zum Opfer gefallen sind. So gehen einige Stimmen davon aus, dass viele der »gerissenen« Weidetiere vor dem Hintergrund der damaligen Hungersnot eher von Menschenhand schwarz und damit verbotenerweise geschlachtet wurden.

Das besondere Erlebnis

Das Heimatmuseum von Rodewald (www.binderhaus-rodewald.de) beherbergt eine kleine Dauerausstellung zu dem »Würger vom Lichtenmoor«. Dort ist zeitweise auch der präparierte Kopf des Wolfes ausgestellt. Lebende Wölfe gibt es dagegen im Wolfcenter Dörverden (www.wolfcenter.de) zu bestaunen. Hier lernen Besucher, wie ein konfliktarmes Miteinander zwischen Menschen und wild lebenden Wölfen möglich ist. Besonderes Highlight: Die Übernachtung in einem Baumhaus inmitten von Wölfen. Sowohl der Wolfsstein als auch das Wolfcenter Dörverden liegen zudem auf einem rund 90 Kilometer langen Radrundweg mit dem Namen »Die Wolfstour«.

Der sogenannte Wolfsstein: Hier beendete der Jäger Hermann Gaatz mit einem Schuss Angst und Schrecken der Bevölkerung.

19

ES HAT SICH AUSGEFEIERT

John Lennon und die verlassene Gaststätte

Einst war die Gaststätte Onkel Nickel in Ostenholz der Mittelpunkt des Dorflebens, sogar John Lennon war hier schon zu Besuch. Doch nicht nur das Lokal ist inzwischen verlassen.

Ostenholz, Gemarkung Hartem des gemeindefreien Gebietes Osterheide, Landkreis Heidekreis **Ort** Hauptstraße, 29664 Osterheide **GPS** 52.774709, 9.722005 **Anfahrt** Mit dem Auto über die A7, Abfahrt Westenholz, weiter auf der L191 in Richtung Westenholz, weiter über die Westenholzer Straße nach Ostenholz.

Hinter diesen Türen wurde einst so mancher feucht-fröhliche Abend verbracht.

LETZTE RUNDE Die Feste, die hier stattgefunden haben, sind immer noch legendär. Die Gaststätte Onkel Nickel verfügte nicht nur über eine lange Tradition, sondern war eine örtliche Institution und echte Kultstätte. Von Nickel Mellulis, der das Gasthaus führte, holte man sich schon in den 1940er-Jahren das Bier nach Hause, damals noch in Tonkrügen. »Ich gehe zu Onkel Nickel« war hier allen ein Begriff und Ursprung des späteren Namens der Gaststätte. Riesige Mengen an Bratkartoffeln sollen die Soldaten des Truppenübungsplatzes Bergen hier gefuttert und mit dem ein oder anderen Bier hinuntergespült haben. Ausgelassen wurde gefeiert und gelacht. Heute kommt kein Laut mehr aus der Gaststätte direkt an der Hauptstraße in Ostenholz. Ganz still liegt das Gebäude da. Die weißen Spitzengardinen in den Fenstern hängen noch, doch dahinter herrscht gähnende Leere. Wo sich einst die Menschen getroffen haben, um Schützenfeste, Konfirmationen oder Hochzeiten zu feiern, oder einfach nur das Wochenende oder den wohlverdienten Feierabend zu genießen, steht kein Tisch und kein Stuhl mehr. Die Fensterläden verrotten, die Lampen sind abmontiert, auf den Stufen zum Eingang wächst Moos, und die ersten Fensterscheiben sind kaputt. Ein Briefkasten rostet langsam vor sich hin. Ob der örtliche Schützenverein hier irgendwann wieder einmal feiern kann? Es sieht nicht danach aus. Die Zukunft des Ortes, an dem einst sogar

Auf einer Infotafel wird die Geschichte von Onkel Nickel und John Lennon erzählt.

Vor der Kirche in Ostenholz erinnert ein Stein an die angeblich »opferwilligen Heidjer«, die umgesiedelt wurden.

John Lennon zu Gast war, steht vielmehr in den Sternen.

JOHN LENNON LÄSST HAARE John Lennon verschlägt es im September 1966 in die Lüneburger Heide. Die Beatles machen eine kurze Schaffenspause, Lennon nutzt die Zeit, um den Anti-Kriegsfilm *Wie ich den Krieg gewann* zu drehen. Während das Filmteam ganze zwei Wochen im Onkel Nickel unterkommt, ist John Lennon selbst nur zwei bis drei Tage vor Ort. Trotz des nur kurzen Aufenthalts kommt es aber zu einem besonderen Moment: Lennon spielt in dem Film einen Soldaten. Seine langen Haare passen jedoch nicht unter den Soldatenhelm und müssen daher in der Gaststätte abgeschnitten werden. Angeblich hat ein vor Ort anwesender Fotograf später ein paar Locken an die Zeitschrift *Bravo* verkauft und damit ein gutes Geschäft gemacht: Der Erlös soll für den Kauf eines Autos gereicht haben! Weitere Haare von Lennon aus diesem Jahr tauchen 2016 beim amerikanischen Auktionshaus Heritage Auctions auf und werden für 35.000 Euro an einen wohl sehr großen wie solventen Fan versteigert. Ob diese Haare ebenfalls im Onkel Nickel abgeschnitten wurden, ist jedoch nicht bekannt.

DAS DORF OHNE BÜRGERMEISTER Wer weiter durch das kleine Dorf Ostenholz schlendert, sieht schnell: Hier sind nicht nur bei Onkel Nickel die Lichter aus. Auch den Kleinen Onkel Nickel gibt es nicht mehr. Die Gaststätte hatte die Tochter der ehemaligen Besitzer ein paar Meter weiter in einem der wenigen neueren Gebäude des Ortes eröffnet, um die Gemütlichkeit des Vorgängers wieder aufleben zu lassen. Aber sie musste ihr Lokal ebenfalls schließen. Vielleicht weil immer mehr Bewohner wegziehen und Touristen diesen Ort, vor langer Zeit im Herzstück der Heide gelegen, nicht mehr so häufig besuchen? Denn schon vor dem Zweiten Weltkrieg entstand in der Gegend ein Truppenübungsplatz und jeglicher Tourismus wurde damals gestoppt. Ganze Dörfer wurden in dieser Zeit umgesiedelt. Der sogenannte Hohe Stein erinnert heute vor der Kirche in Ostenholz an die »opferwilligen Heidjer« (so nennt man die Heidebewohner), die deswegen ihre Heimat verlassen mussten. Ganz freiwillig taten sie dies gewiss nicht, galt doch der heilige Grundsatz, den Hof zu erhalten und verbessert an die nächste Generation zu übergeben. Bis heute liegt das Dorf auf dem Gelände des Truppenübungsplatzes Bergen, die Bewohner haben deswegen auch keine kommunalen Rechte, dürfen also beispielsweise keinen Bürgermeister wählen. Eigentümer des Dorfes ist der Bund, die Bundesanstalt für Immobilienaufgaben (Bima) verpachtet die Gebäude. In Ostenholz wohnen daher aktuell ausschließlich Mieter, die nur wenig Einfluss darauf haben, was vor Ort passiert. Zwar hat die Bima angekündigt, Sanierungen durchzuführen, doch daran zweifelt man vor Ort. Manch einer geht vielmehr davon aus, dass der Verfall des Dorfes beabsichtigt sei.

Das besondere Erlebnis

John Lennon war nicht der einzige Star, der in der Lüneburger Heide einen Film drehte. Hildegard Knef, Marika Rökk und Zarah Leander gaben sich hier ebenfalls einst die Klinke in die Hand. Grund hierfür war vor allem das Filmatelier Bendestorf, das als eine der Wiegen des deutschen Nachkriegsfilms gilt. Wer sich für alte Filme interessiert, sollte das »Heide-Hollywood« südlich von Hamburg mit dem einzigen norddeutschen Filmmuseum besuchen. Vor Ort gibt es neben Einblicken in die damalige technische Ausstattung auch Originaldrehbücher und Kostümentwürfe zu entdecken. Das Museum hat nur eingeschränkte Öffnungszeiten. Weitere Informationen gibt es unter www.film-bendestorf.de

↓ Die Gaststätte ist nicht das einzige Gebäude, das vor Ort leer steht.

↘ Eingeritzt: jahrzehntealte Erinnerungen an eine andere Zeit

Die imposanten Grabanlagen waren früher alle komplett mit Erde bedeckt.

20

RÄTSELHAFTE GRABANLAGEN

Die Sieben Steinhäuser

Um die jahrtausendealten Großsteingräber zu besuchen, muss man sich ausweisen und sollte auf keinen Fall vom Weg abkommen. Geschützt sind die Sieben Steinhäuser, die in Wahrheit nur fünf sind, durch hohe Wälle, die einen Granatenbeschuss verhindern sollen.

Truppenübungsplatz Bergen **Ort** 29664 Osterheide **GPS** 52.800499, 9.7972318 **Anfahrt** Die Anfahrt mit dem Auto ist über Ostenholz möglich. Die Sieben Steinhäuser können nur außerhalb der Sperrzeiten betreten werden, wenn die Zufahrt geöffnet ist (an den meisten, aber nicht allen Wochenenden). Die Zeiten hierfür sind unter anderem auf der Webseite der Gemeinde Bergen einsehbar.

Blindgängern zu rechnen, und die bedeuten Lebensgefahr. Ein Nervenkitzel der sehr realen Art!

HIER FEHLT NIEMAND An den Sieben Steinhäusern angekommen, verwundert zunächst, dass es dort nur fünf Grabstellen gibt. Die zwei offenbar »fehlenden« Gräber galten lange als zerstört, mittlerweile gehen Experten jedoch davon aus, dass es an dieser Stelle von jeher nur fünf Grabanlagen gegeben hat und die Zahl »sieben« einfach für mehrere stand, ähnlich wie bei der Redewendung »packe deine sieben Sachen«, die sich ebenfalls nicht auf eine konkrete Zahl bezieht. Die einzelnen Gräber sind durch Wege miteinander verbunden, die mit Holzzäunen eingefasst sind, und auch hier gilt: Die Wege niemals verlassen, das wäre lebensgefährlich!

ABENTEUERLICHE ANFAHRT Mitten auf dem gesperrten Truppenübungsplatz in Bergen steht die Grabanlage der Sieben Steinhäuser, die in der Regel nur samstags und sonntags zwischen 8:00 und 18:00 Uhr besucht werden können. Zu anderen Zeiten wird um sie herum scharf geschossen! Es empfiehlt sich daher, zur Sicherheit vor der Abfahrt noch einmal einen Blick auf die offiziellen Schießwarnungen (abrufbar unter www.tourismus.stadt-bergen.de) zu werfen. Die Anfahrt zu den Gräbern ist abenteuerlich: In der Nähe von Ostenholz steht ein Kontrollposten mit Schlagbaum, an dem der Ausweis abgegeben werden muss. Im Gegenzug erhält der Besucher nützliche Informationen und die Anweisung, der Straße für rund weitere sechs Kilometer mitten durch das Truppenübungsgelände zu folgen. Mehrere Schilder warnen entlang des Weges davor, die Strecke zu verlassen – denn abseits der für Besucher geräumten Straße ist mit

Das Verlassen der eingezäunten Wege ist lebensgefährlich!

↑ Tatsächlich sind es nur fünf Steinhäuser und nicht sieben.

↗ Die Steingräber gehören zu den bedeutendsten archäologischen Denkmälern der Region.

NICHT MEHR, WIE ES WAR Es braucht etwas Fantasie, sich vorzustellen, wie es vor Ort ursprünglich einmal ausgesehen hat: Die fast mannshohen Stein-Kolosse lagen nämlich nicht frei, sondern waren mit Erdhügeln bedeckt. Der Kiefernwald, in dem die Gräber heute stehen, wurde erst Mitte des 19. Jahrhunderts aufgeforstet. Die Grabstellen waren also nicht im Wald versteckt, sondern standen markant inmitten einer Heidelandschaft. Die meterhohen Erdwälle zwischen den einzelnen Monumenten wurden sogar erst 1958 angelegt, um die Gräber vor Granateinschlägen des Truppenübungsplatzes zu schützen. Auf einen dieser Wälle führt heute eine Treppe, über die der Besucher zu einem kleinen Aussichtspunkt gelangt.

VON RIESEN UND MENSCHENOPFERN
Die fünf Stätten werden bis heute auch »Hünengräber« genannt. Die Bezeichnung geht darauf zurück, dass unsere Vorfahren lange nicht glauben konnten, dass »normale« Menschen in der Lage wären, diese imposanten Grabstätten anzulegen. Nur Hünen, also Riesen, trauten sie ein solches Werk zu. Es ist daher kaum verwunderlich, dass es zu den Sieben Steinhäusern eine Sage gibt, wonach der größte Stein von einem Riesen an den jetzigen Ort geschleudert worden sei. Aber auch viel Furchtbares soll hier im Laufe der Jahre geschehen sein. So seien angeblich auf den Steinen schon Menschen geopfert und förmlich »abgeschlachtet« worden. Was für ein schauderhafter Gedanke!

ES BLEIBT RÄTSELHAFT Klar ist: Die Gräber wurden von den ersten sesshaften Siedlern in Niedersachsen vor über 5.000 Jahren angelegt. Wie die Menschen der sogenannten Trichterbecherkultur es allerdings genau schafften, die riesigen und tonnenschweren Steine zu transportieren und aufzubauen, und wo sie die passenden Ständer und Decksteine fanden, bleibt weitestgehend ein Rätsel. Sicher ist in jedem Fall, dass dazu sehr viel handwerkliches und technisches Geschick nötig war.

Das besondere Erlebnis

In der Oldendorfer Totenstatt nördlich von Amelinghausen gibt es ebenfalls beeindruckende Steingräber, die jedoch einfacher zu besuchen sind als die Sieben Steinhäuser. Hier finden Interessierte – mitten in einer kleinen Heidefläche – unterschiedliche Gräber aus nahezu allen vor- und frühgeschichtlichen Epochen an einem Ort. So gruppieren sich hier Hünenbetten aus der Trichterbecherkultur neben bronzezeitlichen Grabhügeln und eiszeitlichen Urnengräbern. Ein kleiner Wanderweg führt zwischen den Gräbern entlang. Besonders mystisch wirkt die Anlage bei Sonnenuntergang oder im Morgennebel. Informationstafeln vor Ort geben weitere Informationen über das Leben und Sterben unserer Vorfahren. Im Archäologischen Museum in Oldendorf/Luhe (www.museum-oldendorf.de) sind die Grabfunde aus der Totenstatt ausgestellt.

Eine weitere beeindruckende Grabanlage: die Oldendorfer Totenstatt

21

SARGENTFÜHRUNG

Tragische Geschichte um das Lönsgrab

In einer wunderschönen Heidelandschaft liegt das Grab des Schriftstellers Hermann Löns. Bis der vermeintliche Leichnam des »Heidedichters« hier allerdings seine letzte Ruhestätte fand, vergingen Jahrzehnte, und die Beisetzung wurde zwischenzeitlich zur Farce.

Tietlingen, Gemeinde Walsrode, Landkreis Heidekreis **Ort** Tietlingen 6c, 29664 Walsrode (Adresse für den Parkplatz neben dem Golfplatz) **GPS** 52.876758, 9.652582
Anfahrt Auf der A7 die Ausfahrt Bad Fallingbostel nehmen und weiter nach Tietlingen fahren. Der Parkplatz ist in Tietlingen ausgeschildert und liegt gleich neben dem Golfplatz. Von dort einige 100 m weiter zu Fuß.

Verwechslungsgefahr: Das Hermann-Löns-Denkmal ist älter als das eigentliche Grab.

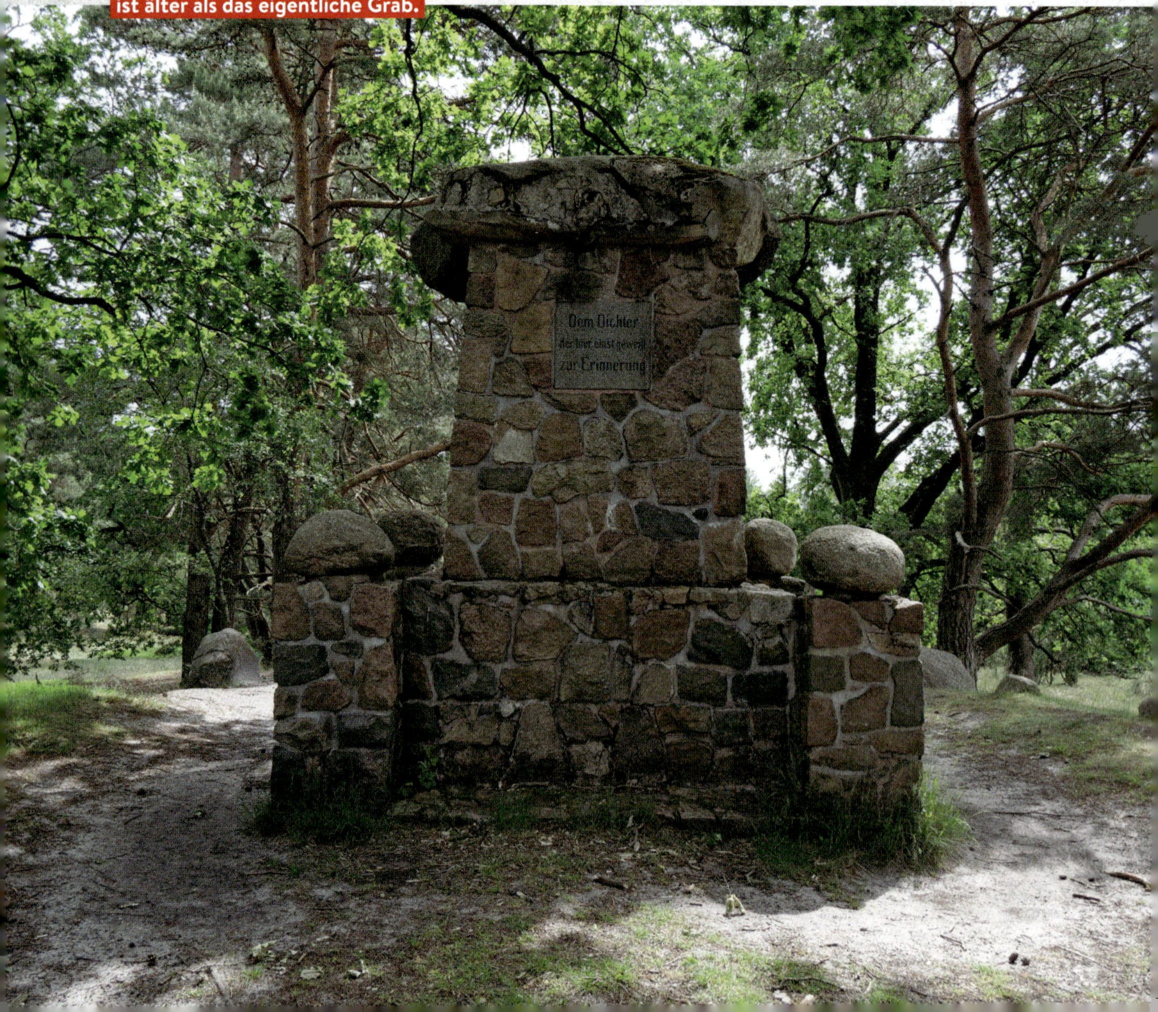

Der idyllische Tietlinger Wacholderhain lädt zum Spazierengehen ein.

BEGRABEN IN DER IDYLLE Sandige Wege führen zu dem Grabstein von Hermann Löns, der inmitten einer schönen Heidefläche mit knorrigem Wacholder liegt, den der auch als »Heidedichter« bekannte Schriftsteller einst so liebte. Manchmal begegnet man im sogenannten Tietlinger Wacholderhain sogar einer Heidschnuckenherde, die das Postkartenidyll perfekt macht. Ein schlichter großer Findling markiert die vermeintlich letzte Ruhestätte des Schriftstellers. Auf dem grauen Stein steht nicht mehr als »Hier ruht Hermann Löns«, darunter ziert das jahrhundertealte Symbol der Wolfsangel den Stein, mit der Löns gerne seine Unterschrift versah. Ob hier tatsächlich sein Leichnam begraben liegt, ist jedoch nach wie vor nicht gesichert. In jedem Fall handelt es sich nicht um seine erste Ruhestätte.

FREIWILLIG IN DEN KRIEG Löns ist bereits fast 48 Jahre alt, als er beschließt, als Soldat in den Ersten Weltkrieg zu ziehen. Trotz des Alters und seines damals wechselhaften Gesundheitszustandes wird er – wohl auch durch Beziehungen – als tauglich eingestuft und verlässt nach einer nur neuntägigen Ausbildung Anfang September 1914 Hannover in Richtung Frankreich. Löns will mitten im Geschehen kämpfen, wird aber sehr schnell von der Realität und Grausamkeit des Krieges eingeholt, wie er seinem Kriegstagebuch anvertraut. Nur ein paar Wochen nach Beginn seines Kriegseinsatzes, am 26. September 1914, stirbt der Schriftsteller an der französischen Front bei Loivre und wird zum Mythos – nicht zuletzt für die Nationalsozialisten.

VERMEINTLICHE LEICHE WIRD GEFUNDEN Was genau nach Löns' Tod mit seinem Leichnam geschah, ist nach wie vor nicht eindeutig geklärt. Es existieren verschiedene Theorien. Eine besagt, dass die Überreste zusammen mit einer militärischen Erkennungsmarke 1933 von einem französischen Bauern beim Pflügen gefunden wurden. Während die sterblichen Überreste in ein Einzelgrab auf dem Militärfriedhof in Loivre umgebettet werden, wird die Marke nach Deutschland

Nicht die erste Ruhestätte des Heidedichters:
der schlichte Grabstein mit der Aufschrift »Hier ruht Hermann Löns«

zurückgeschickt, wo sie im Jahr 1934, pünktlich zum 20. Todestag von Hermann Löns, als die Marke des Schriftstellers identifiziert wird. Die Nationalsozialisten ordnen daraufhin die Rückholung des Leichnams nach Deutschland an. Löns, den die Nationalsozialisten später auch aufgrund seiner nationalen Schriften als einen ihrer Vordenker und Nationalhelden vereinnahmten, soll im Rahmen einer Propagandafeier beigesetzt werden. Dies geschieht zunächst gegen den Willen von Lisa Löns, der Witwe von Löns. Zweifel an der Echtheit der Erkennungsmarke werden beiseitegeschoben, eine Untersuchung des Schädels oder des Gebisses, die vielleicht Klarheit gebracht hätte, ob es sich bei dem Leichnam tatsächlich um Hermann Löns handelt, hat bis heute nicht stattgefunden.

BEGRÄBNIS IM HÜNENGRAB Geplant war zunächst, den nach Deutschland überführten Leichnam in den Sieben Steinhäusern, dem Hünengrab in der Lüneburger Heide, das damals schon ein beliebtes Ausflugsziel gewesen ist, beizusetzen. Allerdings war das Gelände, das sich bis heute auf militärischem Sperrgebiet befindet, zu diesem Zeitpunkt bereits für die militärische Nutzung vorgesehen. Eine für November 1934 geplante feierliche Beisetzung wurde daher kurzfristig abgesagt. Allerdings wurde das Beerdigungsunternehmen hierüber versehentlich nicht rechtzeitig in Kenntnis gesetzt, sodass die Gebeine von Löns in der Lüneburger Heide ankamen, ohne dass feststand, wo sie beigesetzt werden sollen. Da der Bestatter bei der Überführung des Leichnams medienwirksam von einem Journalisten begleitet wurde, geriet das für die Nationalsozialisten als Propaganda geplante Begräbnis zu einem Fiasko. Menschen, die zu dem Zeitpunkt noch nicht wissen konnten, dass die Sieben Steinhäuser militärisches Sperrgebiet werden sollten, versammelten sich dort und wunderten sich, warum das für Löns dort bereits ausgehobene Grab leer war. Es wurde spekuliert, warum Löns dort nicht begraben wurde. Gerüchte über jüdische Verwandte von Löns machen die Runde, immer mehr Zweifel über die Echtheit des Leichnams kamen auf. Der Mythos Löns begann zu wanken.

WOHIN MIT DEM LEICHNAM? Die Leiche von Löns wurde währenddessen zunächst wohl in einer Hotelgarage, später in der Fallingbosteler Friedhofskapelle aufbewahrt. Lisa Löns wandte sich an den Naturschutzpark Lüneburger Heide, der sie bei der Suche nach einer geeigneten letzten Ruhestätte wohl aus Angst vor Besucheranstürmen jedoch nicht unterstützen wollte. Der Landwirt und Löns-Liebhaber Wilhelm Asche bot an, Löns in der Nähe des von ihm bereits 1929 errichteten Denkmals in seinem Tietlinger Wacholderhain beizusetzen – dem Ort, wo Löns später tatsächlich begraben werden sollte. Doch es kam unter anderem zu Streitigkeiten über die genaue Ausstattung der Feier und über die Gästeliste. Angeblich soll Lisa Löns in dieser Zeit zwischenzeitlich auch gedroht haben, die sterblichen Reste ihres Mannes vor dem Hauptbahnhof in Hannover aufzustellen und öffentlichkeitswirksam daraufhin zu weisen, dass man in der Heide keinen Platz für seine letzte Ruhestätte findet.

SARG WIRD ENTFÜHRT Knapp vier Wochen nach der ursprünglich bei den Sieben Steinhäusern geplanten Bestattung entwickelte sich die Geschichte endgültig zu einer Farce: Mitglieder der nationalsozialistischen Sturmabteilung (SA) holten im Morgengrauen heimlich und ohne Wissen der Familie den Sarg von Löns aus der kleinen Friedhofskapelle Fallingbostel und begruben ihn in der Nähe des Dorfes Barrl an einer Landstraße. Über die Gründe kann nur gemut-

Der ehemalige Eigentümer der Heidefläche war großer Löns-Anhänger und liegt hier auch selbst begraben.

↑ Fast schon unscheinbar taucht das Grab am Wegesrand auf.
↗ Das Löns-Denkmal ziert ein Zitat des bekannten Heidedichters.

maßt werden, vermutlich wollte man die Diskussionen rund um Löns beenden und Schaden von der nationalsozialistischen Bewegung abhalten. Die Nachricht über die »Entführung« des Leichnams verbreitete sich wie ein Lauffeuer. Die Menschen waren entsetzt. Auf Lisa Löns' Drängen grub die mit der SA konkurrierende Reichswehr den Sarg schließlich wieder aus und organisierte am 2. August 1935 eine Beerdigung im Tietlinger Wacholderhain, wo die vermeintlichen Gebeine von Hermann Löns bis heute ihre letzte Ruhestätte gefunden haben. Was Löns selbst zu dieser Geschichte gesagt hätte, lässt sich nur erahnen. In seinem Gedicht »Abendsprache« schrieb er über seinen eigenen Tod: »Wie ein totes Getier, so will ich vergehn. Und darum keinen Kranz, und deshalb kein Stein, spurlos will ich vergangen sein.«

Das besondere Erlebnis

Wer sich noch weiter mit dem Leben und Schaffen von Hermann Löns beschäftigen möchte, findet viele interessante Fakten zu seinem Leben unter anderem in der Biografie Hermann Löns *Mythos und Wirklichkeit* von Thomas Dupke, die der Grabstätte ein eigenes Kapitel widmet. Im Mai 2022 veröffentlichte der Historiker Thorsten Neubert-Preine in der *Walsroder Zeitung* zudem einen zweiteiligen Artikel, der auch ganz neue historische Funde im Zusammenhang mit dem Begräbnis von Hermann Löns beleuchtet. Das Heidemuseum in Walsrode (www.heidemuseum-walsrode.de) hat ein Hermann-Löns-Zimmer mit Original-Mobiliar und allen literarischen Werken des Dichters eingerichtet.

Noch gut zu erkennen: Das ehemalige Elektrokarrengebäude der EIBIA wurde zu Tarnungszwecken bepflanzt.

22

EXPLOSIVE VERGANGENHEIT

Die Reste der Pulverfabrik EIBIA

Auf einem Gelände, das knapp so groß ist wie der Central Park in New York, befand sich bis zum Ende des Zweiten Weltkriegs der Hauptsitz einer der größten Pulverfabriken Deutschlands. Heute sind Relikte im Wald Mahnmale einer vergangenen Zeit.

Borg, Gemeinde Bomlitz, Landkreis Heidekreis **Ort** 29699 Bomlitz **GPS** 52.88450, 9.62594 **Anfahrt** Zugang unter anderem über den Parkplatz am Böhmeufer möglich. Mit dem Auto über die A7, Abfahrt Bad Fallingbostel, weiter auf die B209 in Richtung Walsrode, nach ca. 5 km rechts abbiegen auf die Uelzinger Straße, nach ca. 3 km abbiegen auf die K134. Nach ca. 2 km liegt der Parkplatz auf der rechten Seite. Weitere Informationen und Kartenmaterialbestellung: www.forum-bomlitz.de

NARBEN IN DER NATUR Im Südosten der Lüneburger Heide lag die Keimzelle für eine der größten Pulverfabriken im Dritten Reich – der EIBIA. Nach Kriegsende war das Fabrikgelände in Bomlitz für Jahrzehnte nicht zugänglich, ein Zaun versperrte den Weg. Erst zu Beginn der 1980er-Jahre kaufte die Gemeinde Bomlitz das Gelände, sanierte es und machte es wieder der Öffentlichkeit zugänglich. In der Zwischenzeit hatte die Natur schon wieder Besitz von dem wie in einem Dornröschenschlaf liegenden Fabrikgelände ergriffen und es in ein Refugium für Pflanzen und Tiere verwandelt. Heute stehen hier nur noch vereinzelte Bunker, Betonmauern und andere Relikte, die an die bewegte Geschichte dieses Ortes erinnern. Die Überreste wirken wie Narben in dem jetzigen Naherholungsgebiet mit seiner schönen Waldlandschaft, den idyllischen Bachläufen, kleinen Hügeln und Heideflächen. Ein Geschichts- und Erinnerungspfad mit informativen Schautafeln weist Besuchern nun den Weg zu den versprengt liegenden Relikten des ehemaligen Fabrikgeländes.

ENTSTEHUNGSGESCHICHTE Die EIBIA ging aus dem ehemaligen Bomlitzer Mühlenbetrieb Wolff & Co. hervor, der bereits über langjährige Erfahrungen in der Pulverproduktion verfügte. Im Zuge der allgemeinen Aufrüstung vor dem Zweiten Weltkrieg bekam das Unternehmen 1935 den Auftrag zur Errichtung einer Produktionsstätte für Nitrozellulose, umgangssprachlich Schießbaumwolle genannt, und Nitrozellulosepulver. Die Fabrik sollte dabei helfen, in Deutschland innerhalb weniger Jahre

↓ Tür des alten Trinkwasser-Filter- und Pumpwerks ↘ Installation für die Menschen, die hier aus allen Himmelsrichtungen kommend zur Arbeit gezwungen wurden.

Nach dem Krieg nutzten die Briten den Standort Liebenau auch als Munitionsdepot.

»Kriegsfähigkeit« herzustellen. Damit das alteingesessene Unternehmen nicht offiziell als Betreiber der Fabrik auftrat, wurde 1938 die EIBIA GmbH für chemische Produkte im Handelsregister eingetragen. Der Zusatz »chemische Produkte« erfolgte vermutlich, um nach außen den eigentlichen Unternehmenszweck zu verschleiern. Der Name EIBIA sollte dabei wohl an den in der Region häufig vorkommenden Eibe-Baum erinnern, der schon den Germanen zur Herstellung von Waffen gedient haben soll und in Form eines stilisierten Zweiges auch das Firmenlogo zierte. In nur wenigen Jahren wurden rund um Bomlitz mehrere Anlagen aufgebaut, denen man verschiedene Tarnnamen (Waldhof, Walo I und Walo II) gab. Später entstanden noch zwei weitere Standorte der EIBIA in Döverden (Tarnname Weser) und Liebenau (Tarnname Karl). Die EIBIA entwickelte sich zu einer der größten Pulverfabriken im Dritten Reich. 20 bis 25 Prozent des Pulvers, das die Wehrmacht im Zweiten Weltkrieg verbrauchte, wurde von der EIBIA mit ihren drei Standorten geliefert.

DURCHDACHTE KONSTRUKTION Für die Anlage Walo II wurden auf dem Gelände des heutigen Erholungsgebiets 262 Gebäude – teilweise auch unterirdisch – errichtet. Durch die dezentrale Anordnung sollte verhindert werden, dass im Fall eines Unfalls die ganze Produktionsstätte zerstört würde. Zusätzlich wurde jeder einzelne Komplex von den anderen durch getarnte Betonmauern getrennt. Fast alle Gebäude der EIBIA wurden zudem in der sogenannten Stahlbetonskelettbauweise errichtet. Ein Gerüst aus Stahlbeton trägt bei dieser Konstruktion ein flaches Dach, das so beschichtet wurde, dass darauf Büsche und Bäume wachsen konnten. So sollten die Gebäude aus der Luft schwerer zu erkennen sein. Bis heute sind die Dächer der noch bestehenden Gebäude eindrucksvoll bewachsen. Die Wände wurden hingegen nur leicht ausgemauert und flogen im

Fall einer Explosion einfach heraus, sodass das betroffene Gebäude selbst schnell wieder instandgesetzt werden konnte. Auch ansonsten hatten die Erbauer der Anlagen eine ausgeklügelte Infrastruktur vorgesehen, die neben schienengeführten Elektrokarren zusätzlich ein ausgebautes Straßen- und Schienennetz, ein Rohrsystem zum Pulvertransport innerhalb der Fabrik sowie Blitzableiter umfasste. Zudem gab es ein modernes innerbetriebliches Telefonnetz, wofür auf dem gesamten Gelände zahlreiche Telefonsprechstellen installiert wurden, deren Betonsockel teilweise noch heute stehen.

TAUSENDE TOTE Um die riesige Anlage zu betreiben, waren allein in Bomlitz teilweise mehrere Tausend Menschen beschäftigt. Hierzu wurden vor dem Zweiten Weltkrieg Arbeiter und Arbeiterinnen aus dem In- und Ausland angeworben. Während des Krieges reichten die freiwilligen Arbeitskräfte nicht mehr aus. Über alle Standorte der EIBIA hinweg wurden circa 25.000 Menschen zur Arbeit gezwungen. In der besonders gesundheitsgefährdenden Pulverproduktion betrug der Anteil ausländischer Zwangsarbeiter teilweise 90 bis 95 Prozent. Bis zu 2.000 Menschen kamen in dem Konzern unter anderem durch Unfälle, Tuberkulose und Mangelernährung zu Tode. Einige Gräber sind auf dem örtlichen Friedhof noch heute vorhanden und durch Friedhofserweiterungen mittlerweile nicht nur ein zentraler Bestandteil des Friedhofs, sondern auch ein weiteres Mahnmal im Ort.

DAS ENDE DER FABRIK Die EIBIA in Bomlitz wurde im Zweiten Weltkrieg nicht bombardiert, obwohl – wie Aufzeichnungen nahelegen – die Alliierten von der Fabrik wussten und sie auf der Liste der Bombardierungsziele stand. 1947 ordnete die britische Besatzungsmacht die Demontage und Sprengung der meisten Gebäude an.

Das besondere Erlebnis

Der gemeinnützige Kulturverein FORUM Bomlitz bietet hervorragendes Informations- und Kartenmaterial für die EIBIA Bomlitz an. Zudem finden regelmäßig sachkundige Führungen vor Ort statt. Die Termine können der Internetseite www.forum-bomlitz.de entnommen werden. Ebenfalls lohnend ist ein Besuch des ca. 58 Kilometer entfernten ehemaligen EIBIA-Standorts Liebenau in der Nähe von Nienburg/Weser. Der Standort war ungefähr viermal so groß wie Bomlitz und verfügte über mehr als 400 Gebäude. Da die britische Besatzungsmacht die dortigen Gebäude nicht sprengte, sondern den Standort zunächst selbst nutzte, sind Hunderte Gebäude bis heute erhalten und ihre Funktion daher noch besonders gut erkennbar. Das gesamte frühere Werksgelände ist allerdings komplett umzäunt und darf nicht eigenständig betreten werden. Für erstklassige Führungen können sich Interessierte an die Dokumentationsstelle der Pulverfabrik Liebenau e. V. wenden, die im Internet unter www.martinguse.de zu finden ist.

Anders als in Bomlitz sind die meisten Gebäude in Liebenau noch erhalten.

23

1000 SORGEN UND MEHR

Camp Reinsehlen im Wandel der Zeit

Als Militärflughafen gegründet, später großes Flüchtlingsdorf und danach für Panzerübungen vom britischen Militär genutzt – die bewegende Geschichte des Camps Reinsehlen.

Camp Reinsehlen, Landkreis Heidekreis **Ort** 29640 Schneverdingen **GPS** 53.147786, 9.816668
Anfahrt Mit dem Auto von Schneverdingen über die L171 in Richtung Wintermoor, später rechts abbiegen in die Straße Camp Reinsehlen. Alternativ mit dem Bus von Schneverdingen bis zur Haltestelle Reinsehlen Ort, weiter zu Fuß.

Die Baracken des ehemaligen Camp-Krankenhauses sind noch erhalten und jetzt in Privatbesitz.

WIE IN AFRIKA Camp Reinsehlen ist heute ein Platz zum Durchatmen und Erholen. Selbst der Dalai Lama besuchte diesen friedlichen Ort schon und brachte 1998 Tausenden von Besuchern hier »Buddhas Weg zum Glück« nahe, viele Hamburger kommen über das Wochenende her und genießen die Ruhe abseits der Großstadt. Die große Fläche in der Nähe von Schneverdingen ist vor allem wegen der größten Sandmagerrasenfläche Norddeutschlands bekannt. Die karge und weite Landschaft erinnert ein bisschen an die Weite Afrikas. Das ansässige Hotel wirbt mit ungestörter Alleinlage und Zurückgezogenheit. Doch still und friedlich war es hier nicht immer: Erstmals wurde die Heide-Idylle hier ab 1938 jäh durchbrochen, als die Wehrmacht einen Fliegerhorst baute. Nach Ende des Zweiten Weltkrieges entstand vor Ort dann eines der größten Flüchtlingslager Norddeutschlands, auch das »Dorf der 1.000 Sorgen« genannt. Danach wurde Reinsehlen von britischen und kanadischen Streitkräften als militärisches Übungsgelände genutzt – aus dieser Zeit stammt der Name Camp Reinsehlen. Nachdem die Briten das Camp 1994 verließen, begannen intensive Renaturierungsarbeiten. Noch heute finden sich hier Relikte aus der bewegten Geschichte des Camps. Doch immer der Reihe nach.

Die »Lattenmenschen« des Künstlers Jörg-Werner Schmidt zieren Camp Reinsehlen.

EIN FLUGPLATZ ENTSTEHT Im Zuge der Wiederaufrüstung nach dem Ersten Weltkrieg brauchte die wachsende deutsche Luftwaffe große Freiflächen, um ihre neuen Waffen zu testen. Unter anderem aufgrund der dünnen Besiedlung war die Lüneburger Heide beim Militär sehr beliebt. Daher ist es nicht verwunderlich, dass Mitte der 1930er-Jahre entschieden wurde, im kleinen Heidedorf Reinsehlen, das damals nur aus mehreren Gehöften bestand und wie versteckt im Wald lag, einen Flugplatz anzulegen. Bevor am 13. September 1939 die erste Maschine auf dem neuen Flugplatz mit dem Tarnnamen »Posemuckel« landen konnte, wurden zunächst Hofbesitzer enteignet und das Gebiet mühevoll eingeebnet und hergerichtet. Denn wo heute alles flach ist, wuchsen einst Eichen, Birken, Heide und Wacholder, und es war hügelig und sandig. Zusätzlich mussten Straßen gebaut, Gleise verlegt und zahlreiche Unterkünfte in Barackenbauweise geschaffen werden. Sie bekamen zur Tarnung die typischen reetgedeckten Dächer, denn nichts sollte für die feindliche Luftaufklärung auf den Flughafen hinweisen. Es entstand eine kleine Militärstadt mit Casino, Schwimmbecken, Lazarett, riesiger Veranstaltungshalle und Munitionsbunker. Schließlich wurde mit den Tests von Waffen begonnen, Übungsbomben aus Beton abgeworfen und das militärische Arsenal ständig erweitert. Für die Arbeiten wurden in den Kriegsjahren auch Kriegsgefangene und Zwangsarbeiter eingesetzt. Sie mussten unter anderem Straßen bauen und die umliegenden Äcker bewirtschaften, aber über ihr genaues Schicksal ist nur wenig bekannt. Am 17. April 1945 wurde der Flughafen widerstandslos und ohne Blutvergießen an die Engländer übergeben. Heute gibt es vor Ort nicht mehr viel, was an diese Zeit erinnert, lediglich die ehemalige Landebahn existiert noch – sie ist heute die Straße, die zwischen Wintermoor und Schneverdingen zum Camp führt.

DORF DER 1000 SORGEN In die zahlreichen nach Kriegsende noch vorhandenen Baracken ziehen 1946 Vertriebene und Flüchtlinge ein, die meisten sind Frauen, Kinder und alte Menschen aus Schlesien. Brigitte Lange, eine ehemalige Bewohnerin des Camps, fasste die Zeit später sehr persönlich und detailliert zusammen. Ihre Erinnerungen sind in der Broschüre *Die Geschichte des »Camp Reinsehlen«* des Heimatverbundes Schneverdingen erschienen. Es gibt sie auch im Hotel vor Ort zu kaufen. Die Autorin, die das Camp als Kind erlebte, schreibt darin unter anderem: »Wir Flüchtlinge wurden in den leeren, völlig verwahrlosten Baracken – ungestrichene, regendurchlässige Gebäude, wo der Wind durch alle Ritzen pfiff – untergebracht. Es kam vor, daß in einem Raum von 30 qm mit etwa 20 Personen gewohnt wurde. Es befand sich nur ein Ofen in dem Zimmer, der von allen benutzt werden mußte. Alle drängten sich um ihn, um sich ein wenig zu wärmen …«. Viereinhalb Jahre lebten rund 1500 Flüchtlinge in Reinsehlen, das damit eines der größten Flüchtlingslager Norddeutschlands war. Die Bedingungen vor Ort sind vor allem am Anfang schlimm, da es selbst am nötigsten fehlt. Die Bewohner sprechen auch vom »Dorf der 1.000 Sorgen«. Für die von Hunger, Kälte und Entbehrungen gezeichneten Menschen wird ein Krankenhaus eingerichtet, von dem noch immer Baracken am Rand des Gebiets stehen. Die schwarz getünchten Holzbauten sind heute wohl in Privatbesitz und eingezäunt. Eine große grüne Plane versperrt den Blick nach innen. Im Laufe der Zeit entstehen vor Ort zudem noch ein Kindergarten sowie eine Schule und erste kleine Handwerksbetriebe. Ende 1950 wird das Lager geräumt und für militärische Übungszwecke beansprucht. Lange schreibt dazu: »Allen fiel der Abschied schwer. Keiner wird die gemeinsam durchlebten Notjahre in Reinsehlen vergessen. Doch vielen winkte nun ein besseres Los. Es war eine Rückkehr vom Wir zum Ich, eine Rückkehr zur Zivilisation. Die wunderschöne Landschaft entschädigte uns für so manches andere.« Sie zieht nach Lüneburg, die meisten anderen Bewohner siedeln sich in der Nähe von Hambühren an.

ENGLISCHE PANZER ROLLEN Über 40 Jahre lang wird das Gelände in der Folgezeit vor allem von britischen Streitkräften für militärische Zwecke genutzt und bekommt den Namen Camp Reinsehlen, in dem unter anderem englische Soldaten zur Ausbildung stationiert werden. Das sogenannte Soltau-Lüneburg-Abkommen tritt 1963 in Kraft. Dieses Abkommen erlaubt den britischen Streitkräften ganzjährig in festgelegten Gebieten militärische Übungen durchzuführen. 4600 Hektar Land stehen hierbei als sogenannte Rote Flächen zur ständigen Nutzung zur Verfügung – das Camp liegt inmitten dieses Gebietes. Fortan gehören Panzerübungen zur Tagesordnung – eine zunehmende Belastung für die Bevölkerung. 1967 nimmt Queen Elisabeth II. persönlich die Truppenparade ab, und noch in den 1980er-Jahren investieren die britischen Streitkräfte 7,5 Millionen DM in das Camp, die unter anderem dem Bau einer neuen Panzerwaschanlage dienen.

↑ Die betonierten Straßen laden zum Radfahren ein.

↗ Früher wurden hier Panzer gewaschen, heute kann man Tretboote leihen.

ZURÜCK ZUR NATUR Durch den Einsatz einer 1986 gegründeten Bürgerinitiative zur Verringerung der militärischen Belastungen in der Heide wurden die Übungen in Reinsehlen 1994 schließlich beendet und nach dem Abzug der britischen Streitkräfte die meisten militärischen Bauten abgerissen und das Gebiet renaturiert. Trotzdem findet der aufmerksame Besucher auch heute noch Überreste der militärischen Nutzung, beispielsweise die alte Panzerwaschanlage. Allerdings werden hier schon lange keine Panzer mehr gewaschen. Vielmehr ist die Anlage heute Teil eines Freizeitgeländes. Ein kleiner Sandstrand lädt dort im Sommer zum Verweilen ein, und auf dem Wasser, durch das noch vor wenigen Jahren die Panzer rollten, um gesäubert zu werden, schwimmen heute Kinder und tuckern friedlich Tretboote.

Das besondere Erlebnis

Mitten auf dem ehemaligen Camp-Gelände steht heute ein Kletterpark (www.hoehenweg.de). Wer keine Höhenangst hat, kann dort aus 30 Meter Höhe die Aussicht über das geschichtsträchtige Gebiet genießen. Einmal im Monat werden zudem geschichtliche Führungen über das Gelände angeboten. Termine und weitere Informationen dazu gibt es unter www.heidenlust.de

Auf dem kleinen Friedhof bei Spithal steht eine sagenumwobene Kapellenruine (Kapitel 33).

WENDLAND

Beerensammler finden die ersten Opfer und alarmieren aus dem Forsthaus Röthen die Polizei.

24

DER TOTENWALD

Am Tatort der Göhrde-Morde

Im idyllischen Staatsforst Göhrde ereignet sich 1989 eines der aufwühlendsten Verbrechen Norddeutschlands. Die Tötung zweier Paare geht als »Göhrde-Morde« in die Kriminalgeschichte ein. Erst Jahrzehnte später kommt man dem mutmaßlichen Täter auf die Spur.

Staatsforst Göhrde, Landkreis Lüchow-Dannenberg **Ort** 21369 Göhrde **GPS** 53.141516, 10.805265 **Anfahrt** Mit dem Auto von Lüneburg über die L216 in Richtung Göhrde. In Oldendorf (Göhrde) rechts abbiegen in Richtung Röthen. Nach mehreren hundert Metern an der Revierförsterei Röthen parken. Von dort zu Fuß oder mit dem Fahrrad weiter in den Staatsforst Göhrde.

UNHEIMLICHE STILLE Früher war die Göhrde eines der beliebtesten Ausflugsgebiete im Norden. Nicht nur Einheimische, auch viele Hamburger stiegen in ihrer Freizeit ins Auto und machten sich auf den Weg, um in dem großen Mischwaldgebiet spazieren zu gehen. Alte Waldkiefern, Fichten, Rotbuchen und Eichen wachsen hier auf dem sandigen Boden. Hier und da trifft man auf Lichtungen, die Helligkeit in das ansonsten dicht mit Bäumen bewachsene Gebiet bringen. Das Gelände ist groß, Spaziergänger können sich hier gut aus dem Weg gehen. So kann es passieren, dass man wirklich niemandem begegnet. Diese Stille schätzte wohl das Hamburger Ehepaar Ursula und Peter R. Sie fahren am 21. Mai 1989 in die Göhrde. Das Wetter ist herrlich, das Ehepaar unternimmt häufiger Ausflüge ins Grüne. Ein paar Stunden später sind sie tot. Nur unweit von ihnen entfernt sterben wenig später zwei weitere Menschen. Für die Presse wird das beliebte Naherholungsgebiet zum »Totenwald«. Touristen und Einheimische fangen an, das ehemals so beliebte Naherholungsgebiet zu meiden. Auch heute wirkt die Stille vor Ort beklemmend, und die aufsehenerregenden Doppelmorde werfen noch viele ungelöste Fragen auf.

DIE ERSTEN OPFER Das Ehepaar R. wurde von seinem Mörder wahrscheinlich beim Picknicken überrascht. Mehr als sieben Wochen nach der Tat, am 12. Juli 1989, fanden Beerensammler die fast komplett entkleideten Leichen der beiden auf einer kleinen Lichtung im Waldabschnitt Jagen 138 (GPS-Daten: 53.136667, 10.789167). Ein verwitterter Markierungsstein, wie er schon in der Preußenzeit in norddeutschen Wäldern zur besseren Orientierung genutzt wurde, weist den Abschnitt noch heute aus. Die Leichen lagen in einer Senke und waren mit Ästen bedeckt. Zum Zeitpunkt des Auffindens waren die Leichen bereits so stark von Tieren angefressen und verwest, dass die genaue Todesart nicht mehr festgestellt werden konnte. Fest stand: Das Ehepaar war einem schrecklichen Verbrechen zum Opfer gefallen. Die Beerensammler machten sich nach dem Fund der Leichen auf den Weg zur nahe gelegenen Revierförsterei Röthen, um die Polizei zu verständigen. Auf dem Weg begegnete ihnen ein Mann. Was sie zu dem Zeitpunkt nicht ahnten: Genau dieser Fremde könnte der Täter gewesen sein.

TOTENWALD GÖHRDE Jetzt wird es richtig unheimlich: Exakt an dem Tag, an dem die Polizei über den Fund der beiden Leichen von den Beerensammlern informiert wurde und die Ermittlungen am Tatort aufgenommen hatte, starben auch Ingrid W. und Bernd-Michael K. in der Göhrde – nur 800 Meter vom Fundplatz der ersten Leichen entfernt. Das Liebespaar, das sich auf einer Kur kennengelernt und eine Affäre begonnen hatte, war wahrscheinlich für ein heimliches Treffen im Wald verabredet. Im Waldab-

Sogenannte Jagensteine markieren in der Göhrde die Waldabschnitte.

schnitt Jagen 147 mussten sie dann auf ihren späteren Mörder getroffen sein. Beide wurden durch Kopfschüsse getötet. Die Leichen wurden gut zwei Wochen später, am 27. Juli 1989, von der Polizei im Rahmen der Ermittlungsarbeit zum ersten Fall gefunden (GPS-Daten: 53.139444, 10.793611). Schnell wurde gemutmaßt, dass zwischen beiden Taten ein Zusammenhang besteht. Spätestens jetzt machten sich in der Bevölkerung Angst und Schrecken breit.

DIE JAGD NACH DEM MÖRDER Es folgt eine fast beispiellose Suche nach dem in der Presse bald als »Göhrde-Mörder« bezeichneten Täter. Eine Sonderkommission wird gegründet, Tausende Menschen werden durch die Polizei befragt. Zweimal wird der Fall in der Fernsehsendung »Aktenzeichen XY … ungelöst« ausgestrahlt. Ein Phantombild des Mannes, den die Beerensammler im Wald getroffen haben, soll den Mörder überführen, eine Belohnung wird ausgesetzt. Sowohl Motiv als auch genaue Tathergänge bleiben weiterhin unklar. Vermutungen werden angestellt. Lauert der Mörder Liebespaaren auf? Einige Spuren führen ins Ausland. Nach

Im Garten des mutmaßlichen Täters findet die Polizei ein vergrabenes Auto.

Gegenständen, die die Opfer bei sich hatten und die nie wieder auftauchten, etwa ein Fernglas und eine Sofortbildkamera, wird gefahndet. Im Auto der ersten Opfer, bei dem die Polizei davon ausgeht, dass der Täter damit aus der Göhrde geflohen ist, werden an der Kopfstütze zwei Haare sichergestellt. Auf deren DNA ruhen lange Zeit die Hoffnungen der Beamten. Doch es vergehen Jahre, und kein Fahndungserfolg stellt sich ein. Die Sonderkommission wird aufgelöst. Vergessen werden die Taten allerdings nicht.

DER FALL BIRGIT M. Dass die Polizei Jahrzehnte später mit dem ehemaligen Friedhofsgärtner Kurt-Werner Wichmann doch noch jemanden präsentiert, den sie für die Göhrde-Morde für dringend tatverdächtig hält, ist schließlich auf einen weiteren Kriminalfall zurückzuführen: Fast zur gleichen Zeit wie die Göhrde-Morde, nämlich in der Nacht zum 15. August 1989, verschwindet Birgit M. unter rätselhaften Umständen spurlos aus ihrem Haus in der Nähe von Lüneburg. Ihrem Fall wird wegen der »Göhrde-Morde« zunächst wenig Aufmerksamkeit gewidmet. Zwischenzeitlich gerät der Ehemann, der von dem Opfer getrennt lebt, ins Visier der Polizei, ein Selbstmord wird nicht ausgeschlossen. Und auch gegen Wichmann, der das Opfer kannte und bereits in der Vergangenheit verschiedener Delikte beschuldigt wurde, wird direkt nach dem Verschwinden von Birgit M. ermittelt. Aber erst einige Jahre später, im Jahr 1993, erhärten sich die Verdachtsmomente gegen ihn. Im Rahmen einer daraufhin angeordneten Hausdurchsuchung werden auf dem Grundstück von Wichmann unter anderem Waffen und Munition sowie Handschellen mit Blutspuren sichergestellt. Im Garten hat er sogar einen kompletten Sportwagen vergraben. Eine Leiche wird jedoch nicht gefunden. Wichmann, der bereits vor der Durchsuchung geflohen war, wird einige Wochen später verhaftet, als er zufällig in einen Autounfall bei Heilbronn verwickelt ist. Er erhängt sich wenige Tage später in seiner Zelle. Da gegen Tote nicht ermittelt werden darf, wird die Akte geschlossen, wichtige Beweismittel werden vernichtet. Und so sollte das Schicksal von Birgit M. zunächst ungeklärt bleiben.

PRIVATES ERMITTLERTEAM Erst Jahre später kommen die Ermittlungen wieder in Fahrt. Wolfgang S. ist der Bruder von Birgit M. und ehemaliger Chef des Landeskriminalamtes Hamburg. Nachdem er 2002 in den Ruhestand gegangen ist, beginnt er gemeinsam mit einem privaten Expertenteam (dem sogenannten Kernteam) eigene Nachforschungen. Der Tod seiner Schwester hat ihn nie losgelassen. Schließlich gelingt im Jahr 2016 der Durchbruch: Das auf den bei Wichmann bereits im Jahr 1993 sichergestellten Handschellen vorhandene Blut können die Ermittler Birgit M. zuordnen. Im September 2017 lassen S. und sein Team das ehemalige Haus von Kurt-Werner Wichmann erneut durchsuchen und in der Garage den Beton aufreißen. Dort finden sie in einem Hohlraum menschliche Knochen – von Birgit M. Etwa zur gleichen Zeit werden auf den noch in amtlicher Verwahrung befindlichen Beweismitteln der Göhrde-Morde DNA-Spuren von Wichmann gefunden, der Kriminalfall ist offenbar gelöst: Der ehemalige Friedhofsgärtner ist – zumindest mit hoher Wahrscheinlichkeit – auch der Göhrde-Mörder!

RÄTSEL BLEIBEN Die Polizei schließt bis heute nicht aus, dass Kurt-Werner Wichmann für weitere Verbrechen in Frage kommt und hat bereits zahlreiche Verbindungen zu anderen Tötungsdelikten, Vergewaltigungen und Vermisstenfällen geprüft. In diesem Zusammenhang entstand auch die Theorie, dass Wichmann ein Auftragskiller

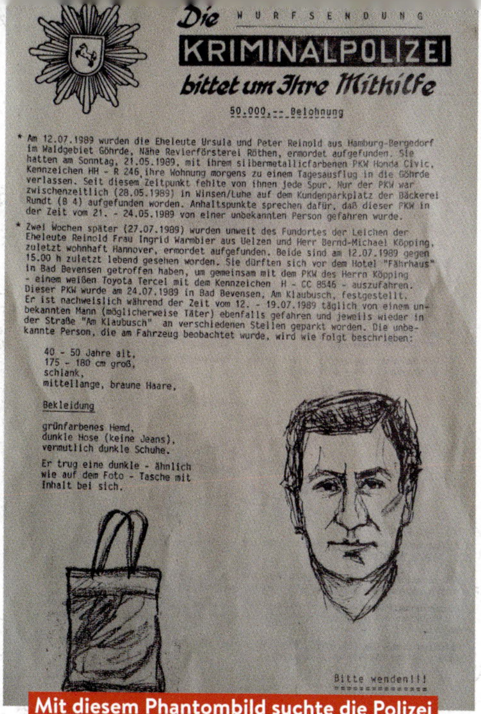

Die WURFSENDUNG

KRIMINALPOLIZEI

bittet um Ihre Mithilfe

50.000,-- Belohnung

* Am 12.07.1989 wurden die Eheleute Ursula und Peter Reinold aus Hamburg-Bergedorf im Waldgebiet Göhrde, Nähe Revierförsterei Röthen, ermordet aufgefunden. Sie hatten am Sonntag, 21.05.1989, mit ihrem silbermetallicfarbenen PKW Honda Civic, Kennzeichen HH - R 246, ihre Wohnung morgens zu einem Tagesausflug in die Göhrde verlassen. Seit diesem Zeitpunkt fehlte von ihnen jede Spur. Nur der PKW war zwischenzeitlich (28.05.1989) in Winsen/Luhe auf dem Kundenparkplatz der Bäckerei Rundt (B 4) aufgefunden worden. Anhaltspunkte sprechen dafür, daß dieser PKW in der Zeit vom 21. - 24.05.1989 von einer unbekannten Person gefahren wurde.
* Zwei Wochen später (27.07.1989) wurden unweit des Fundortes der Leichen der Eheleute Reinold Frau Ingrid Warmbier aus Uelzen und Herr Bernd-Michael Köpping, zuletzt wohnhaft Hannover, ermordet aufgefunden. Beide sind am 12.07.1989 gegen 15.00 h zuletzt lebend gesehen worden. Sie dürften sich vor dem Hotel "Fährhaus" in Bad Bevensen getroffen haben, um gemeinsam mit dem PKW des Herrn Köpping - einem weißen Toyota Tercel mit dem Kennzeichen H - CC 8546 - auszufahren. Dieser PKW wurde am 24.07.1989 in Bad Bevensen, Am Klaubusch, festgestellt. Er ist nachweislich während der Zeit vom 12. - 19.07.1989 täglich von einem unbekannten Mann (möglicherweise Täter) ebenfalls gefahren und jeweils wieder in der Straße "Am Klaubusch" an verschiedenen Stellen geparkt worden. Die unbekannte Person, die am Fahrzeug beobachtet wurde, wird wie folgt beschrieben:

40 - 50 Jahre alt,
175 - 180 cm groß,
schlank,
mittellange, braune Haare,

Bekleidung

grünfarbenes Hemd,
dunkle Hose (keine Jeans),
vermutlich dunkle Schuhe.

Er trug eine dunkle - ähnlich wie auf dem Foto - Tasche mit Inhalt bei sich.

Bitte wenden!!!

Mit diesem Phantombild suchte die Polizei damals nach dem Täter.

war und es sich bei den Göhrde-Morden insofern um eine Verwechslungstat gehandelt haben könnte, als das eigentliche Ziel das unverheiratete Paar war und der erste Doppelmord aufgrund einer Verwechslung lediglich »aus Versehen« begangen wurde. Außerdem gibt es Hinweise, dass Wichmann einen Komplizen hatte, der bis heute nicht zur Verantwortung gezogen werden konnte. Die Jahrzehnte zurückliegenden Morde in der Göhrde geben also weiterhin noch zahlreiche Rätsel auf.

Das besondere Erlebnis

Die Göhrde-Morde ziehen auch heute noch viel Aufmerksamkeit auf sich, nicht zuletzt weil es noch viele offene Fragen gibt. Neben verschiedenen TV-Dokumentationen befassen sich zudem zahlreiche Podcasts mit dem Verbrechen. Wer mehr über die Fälle erfahren will, wird unter anderem in der ARD-Audiothek fündig.

25

KAISERJAGD BEENDET

Das verlassene Jagdschloss Göhrde

Das Jagdschloss Göhrde war einst der stilvollste und größte Barockbau der gesamten Region. Der Adel traf sich hier zur Jagd. Vom Glanz und Trubel vergangener Zeiten ist nicht mehr viel übrig geblieben. Seit Jahren steht das Kulturdenkmal leer und verfällt.

Göhrde, Landkreis Lüchow-Dannenberg **Ort** Kaiser-Wilhelm-Allee 6–7, 29473 Göhrde **GPS** 53.1402868, 10.8770667 **Anfahrt** Mit dem Auto von Lüneburg über die L216 in Richtung Göhrde. Das Jagdschloss liegt direkt an der Landstraße außerhalb der Ortschaft Göhrde. Alternativ mit dem Bus ab Lüneburg bis Haltestelle Schloss Göhrde.

Das alte Jagdschloss befindet sich heute in Privatbesitz und wirkt renovierungsbedürftig.

↑ Es ist schon lange her, seit die letzte Jagdgesellschaft diese Stufen nahm.
↗ Früher gaben sich hier Politik und Adel die Klinke in die Hand.

VERFALL SETZT EIN Hier besteht Sanierungsbedarf – das erkennt auch ein Laie. Von einem Ort, der einst eines Kaisers würdig war, ist andernfalls bald nicht mehr viel übrig. Farbe und Putz blättern an der gelben Fassade ab, erste Risse zeigen sich an den Wänden, der Garten verwittert zunehmend. Von einem transnationalen Bildungszentrum, das in das ehemalige Jagdschloss in der Göhrde angeblich einziehen sollte, ist nichts zu sehen. In dem einstöckigen, lang gestreckten Schlösschen mit den auffälligen Pavillons zu jeder Seite und dem Uhrenturm in der Mitte herrscht gähnende Leere. Die Zeiten, in denen sich hier der Adel die Klinke in die Hand gegeben hat (wenn er sich die Türen nicht von der Dienerschaft öffnen ließ), sind schon längst vorbei. Ein Zaun ist verbogen. Möglicherweise hat jemand versucht, sich gewaltsam Einlass in das umzäunte Anwesen zu verschaffen. Ein Schild warnt vor einem Hund, der hier angeblich wacht, jedoch weder zu sehen noch zu hören ist. Die vielen Parkplätze, die es in der Umgebung gibt, sind nahezu unbelegt. Offenbar wurde zwischenzeitlich ein bauamtliches Verfahren eingeleitet, um herauszufinden, in welchem Zustand sich das Jagdschloss tatsächlich befindet. Alle Kontaktaufnahmen mit der heutigen Eigentümerin scheinen bislang aber erfolglos geblieben zu sein. Heute erinnert nur noch das große St.-Hubertus-Denkmal im Garten, das den Schutzpatron der Jäger zusammen mit einem Hirsch zeigt, an die einstige Nutzung des Schlosses, die vor allem durch adlige Jagdgesellschaften geprägt war.

BAROCKE BLÜTEZEIT Die Geschichte des heutigen Jagdschlosses begann als Pferdestall. Wer heute auf das verlassene Gebäude hinter dem Zaun schaut, blickt auf ehemalige Stallungen. Genau hier ist schon einmal ein Schloss verfallen, weil es nicht genutzt wurde. Es wurde schlussendlich abgerissen und ist für immer verschwunden. Bleibt zu hoffen, dass dieses Schicksal nicht auch das jetzige Schloss ereilt. Die Geschichte des ursprünglichen Jagschlosses beginnt mit Herzog Georg Ludwig von Braunschweig-Lüneburg, dem späteren König Georg I. von

Das Schloss, das heute verfällt,
war eigentlich einmal ein Pferdestall.

Großbritannien. Im Jahr 1706 gibt Herzog Georg Ludwig den Bau eines Jagdschlosses in Auftrag, das ihm und seinem Hof dazu dienen soll, gemeinsam auf die Jagd zu gehen und ausgelassene Feste zu feiern. Nach Plänen des Hofarchitekten entsteht ein dreigeschossiges Gebäude mit über 100 Zimmern. Es soll der stilvollste und größte Barockbau im Lüneburger Raum gewesen sein. Zum Schloss gehörten 26 Gebäude, darunter ein höfisches Theater, eine Konditorei, ein eigener Eiskeller sowie eine Parkanlage. Es gab Stallungen für über 400 Pferde. Überdimensioniert war dies aber nicht: Nahezu der gesamte Hofstaat zog zeitweise über mehrere Monate in dieses »Jagdlager«, und die damaligen Jagdfeste wurden mit einem unvorstellbaren Aufwand betrieben. Allerdings war das barocke Jagdvergnügen in der Göhrde nicht von langer Dauer. Nur acht Jahre, nachdem er das Schloss in Auftrag gegeben hatte, wurde Georg Ludwig als George I. zum König von Großbritannien gekrönt und zog nach London. Zwar besuchte er auch weiterhin, häufig gemeinsam mit seinem Sohn George II., die Göhrde, doch die großen Jagdgesellschaften wurden weniger. Da sich niemand fand, der das Schloss erhalten oder nutzen wollte, verfiel es zusehends. Im Jahr 1827 ließ Georg IV., König des Vereinigten Königreichs Großbritannien und Irland und König von Hannover, es schließlich abreißen. Übrig geblieben ist nur wenig, unter anderem der sogenannte Marstall, der Hauptpferdestall, der 1869 zu dem kleinen Jagdschloss von heute umgebaut wurde.

ES GEHT WIEDER LOS Neues Leben zieht nur kurze Zeit später mit Kaiser Wilhelm I. wieder ein, der das Jagschloss im Jahr 1871 gemeinsam mit seinem Sohn und Thronfolger, dem späteren Kaiser Wilhelm II., besuchte und anschließend ebenfalls für Jagdgesellschaften nutzte. Die Nutzung änderte sich jedoch beträchtlich: Während zu barocken Zeiten noch nahezu der gesamte Hofstaat zwei bis drei Monate in der Göhrde geblieben ist, kam Wilhelm II. gewöhnlich gegen Mittag und fuhr bereits am nächsten Tag wieder. Für diese kurzen Aufenthalte war der umgebaute Pferdestall als Jagdresidenz absolut ausreichend. Das Jagdschloss wurde ein wichtiger Bestandteil seines Lebens. Regelmäßig veranstaltete er aufsehenerregende Jagden, zu denen bedeutende Staatsmänner eingeladen wurden. Die letzte Hofjagd, bei der unter anderem Erzherzog Franz Ferdinand von Österreich teilnahm, fand schließlich am 30./31. Oktober 1913 statt. Dass es sich dabei um das letzte Zusammentreffen dieser Art in seinem geliebten Jagdschloss handeln würde, ahnte Wilhelm II. vermutlich nicht. Nur wenige Monate später löste die Ermordung von Erzherzog Franz Ferdinand von Österreich den Ersten Weltkrieg aus. Nach Abdankung des letzten deutschen Kaisers im Jahr 1918 sollte nie wieder eine höfische Jagdgesellschaft im Jagdschloss Göhrde stattfinden.

NACHNUTZUNG Auch nach dem Ende des höfischen Treibens blieb das Jagdschloss noch viele Jahre belebt. Zunächst als Beamtenerholungsheim genutzt, diente das Schloss im Laufe der Zeit unter anderem als Predigerseminar der evangelisch-lutherischen Landeskirche und als Lazarett im Zweiten Weltkrieg. Nach dem Krieg wurde es kurzeitig zum Sitz von britischen Besatzungstruppen und danach von einer Heimvolksschule für Kurse und Seminare für Erwachsene genutzt. Der Anfang vom Ende wurde schließlich im Jahr 1997 eingeläutet,

Das sogenannte St.-Hubertus-Denkmal im Garten des Schlosses Sandstein zeigt einen Jäger mit erlegtem Hirsch.

↑ Die alte Turmuhr ist mittlerweile stehen geblieben.

↗ Das gesamte Schloss ist eingezäunt und darf nicht betreten werden.

als die Bezirksregierung Lüneburg die Liegenschaft für entbehrlich erklärte. In der Folge wurde das Jagdschloss im Jahr 2006 für 30.000 Euro an eine Investorin aus Bremen verkauft. Was mit den leerstehenden Gebäuden geschehen wird, weiß wohl nur die neue Besitzerin.

Das besondere Erlebnis

Zwischen Oldendorf und Göhrde, circa drei Kilometer von dem Schloss entfernt, befindet sich das Denkmal der sogenannten Göhrdeschlacht, einer Schlacht der Befreiungskriege, bei der sich am 16. September 1813 Truppen verschiedener Länder und eine Abteilung der napoleonischen Armee gegenüberstanden. Die Schlacht endete mit der Niederlage der napoleonischen Seite. Unter den Kämpfenden auf Seiten der Koalitionskräfte befand sich auch eine Frau namens Eleonore Prochaska. Die damals 28-Jährige hatte sich unerkannt dem Lützowschen Freikorps angeschlossen und wurde bei der Göhrdeschlacht schwer verwundet, als sie einen verletzten Kameraden aus der Kampflinie zu bringen versuchte. Erst nach ihrer Verwundung wurde ihr wahres Geschlecht erkannt. Nach ihrem Tod nur drei Wochen später begann die Idealisierung von Eleonore Prochaska als »jungfräuliche Heldin« und »Potsdamer Jeanne d'Arc«. Alle zwei Jahre stellen auf dem Schlachtfeld historische Darsteller die Ereignisse nach. Weitere Informationen hierzu unter www.goehrdeschlacht.de

Das ehemalige Tanklager verfügte über eine eigene Wasserversorgung.

26

UNTER DER ERDE

Geheimes Tanklager bei Hitzacker

Eine Tarnorganisation des Dritten Reichs lagerte mitten im Wald bei Hitzacker einst riesige Mengen an Öl, Benzin und Schmierstoffen. Noch heute erinnern Überreste an das weit verzweigte Großtanklager, dessen Existenz streng geheim gehalten wurde.

Ehemaliger 5er-Block der WiFo, Landkreis Lüchow-Dannenberg **Ort** Am Elbufer, 29456 Hitzacker (Elbe), **GPS** 53.171854, 11.007831 **Anfahrt** Mit dem Auto von Lüneburg über die B216 in Richtung Dannenberg, weiter über Lüben und Tießau. In Tießau rechts abbiegen in die Straße Am Elbufer, nach ca. 2 km auf dem Parkplatz an der Einmündung von rechts parken. Von dort zu Fuß weiter, an der ersten Wegkreuzung rechts und dann wieder rechts. Weitere Relikte der WiFo finden sich unter anderem an folgendem Ort: GPS 53.154641, 11.013515

TARNNAME HELLBERG Bunker, riesige Betonmauern, Schächte und die Überreste weiterer Gebäude – all das erinnert im Dötzinger Forst bei Hitzacker noch an die geheimen Tanklager der WiFo, kurz für Wirtschaftliche Forschungsgesellschaft mbH. Die vom Reichswirtschaftsministerium 1934 gegründete Tarnorganisation hatte ihren Hauptsitz in Berlin. Ihr geheimer Auftrag war zunächst die Errichtung eines Lagers für Betriebsstoffe, insbesondere Öl, Benzin und Schmierstoffe, um strategische Reserven an Betriebsstoffen anzulegen. Denn die von den Nationalsozialisten aufgerüstete, inzwischen großflächig motorisierte Wehrmacht benötigte im Kriegsfall sehr viel Treibstoff. Eines dieser Tanklager entstand zwischen 1936 und 1938 in dem Waldgebiet nordwestlich von Hitzacker und bekam den Tarnnamen »Hellberg«. Für den Ort sprach damals die gute Verkehrsanbindung durch die Nähe zur Elbe, die bereits vorhandene Bahnlinie sowie die umgebende Endmoränenlandschaft, die hervorragende Tarnmöglichkeiten bot. In Hochphasen wurden von hier aus im Zweiten Weltkrieg täglich wohl bis zu 40 Kesselwagen mit Benzin und Maschinenöl in das Reichsgebiet transportiert, was eine ausgeklügelte Logistik erforderte.

EIGENE INFRASTRUKTUR In dem circa 460 Hektar großen Waldstück gab es neben den unterirdischen Lagerbereichen unter anderem Verwaltungs- und Wachbauten, eine Fassabfüllanlage, ein eigenes Wasserwerk sowie ein ausgedehntes Straßen- und Schienennetzwerk. Es existierte zudem ein Forschungslabor, in dem mit Sonderstoffen – etwa für das Antriebssystem der V1-Rakete – experimentiert wurde. An der Elbe wurde eigens ein Hafen angelegt. Mit dem Bau der Anlage verdoppelte sich die Einwohnerzahl von Hitzacker nahezu. Eine Siedlung für die WiFo-Mitarbeiter, zu denen neben dem Wachpersonal noch Techniker und Verwaltungsangestellte gehörten, entstand. Kein Mitarbeiter durfte über seine Tätigkeit sprechen. Wer dagegen verstieß, wurde hart bestraft, und so schwiegen einige der damaligen Mitarbeiter selbst nach Kriegsende beharrlich weiter, denn der Zwang zur Geheimhaltung saß tief. Auch ist nur wenig über die vor Ort ebenfalls entstandenen Lager für Zwangsarbeiter und Kriegsgefangene bekannt, hunderte Menschen sollen hier zur Arbeit gezwungen worden sein. Ihr Schicksal ist und bleibt in weiten Teilen weiterhin ein »weißer Fleck«.

Wer sich traut, kann in diesen Bunker klettern. Er bietet für ein bis zwei Personen Platz.

GUTE TARNUNG Heute ist das Firmengelände wieder ein idyllisches Waldstück, das zum Spazierengehen einlädt. Wo früher die Werksleitung ihren Sitz hatte, ist heute ein Zeltplatz. Überall finden sich in dem weitverzweigten Gelände noch Relikte aus einer Zeit, in der vor Ort zehntausende Kubikmeter Benzin und Öl unter der Erde gelagert wurden. Als Lagerbehälter wurden teilweise über 50 Meter lange vernietete Stahlkessel mit einem Durchmesser von neun Meter genutzt, die an ein weitverzweigtes Leitungsnetz angeschlossen waren. Zum Schutz vor Angriffen der Alliierten besaßen sie einen bunkerartigen Mantel aus Beton und wurden metertief in der Erde vergraben. Über den Lagerbehältern wurde alles wieder bepflanzt, um sie möglichst gut zu tarnen. Das Lager wurde im Zweiten Weltkrieg wiederholt bombardiert, blieb bis zum Ende des Krieges jedoch relativ unversehrt. Von den Nationalsozialisten montierte Zerstörungsvorrichtungen, die die Einnahme der Anlage durch die Alliierten verhindern sollten, wurden ebenfalls nicht gezündet. Gleich nach Kriegsende begannen die Briten mit der Demontage der Anlage. Zwischen 1946 und 1948 sollen die Briten jedes verwertbare Stück Metall aus der Anlage mitgenommen haben, indem sie die Betonummantelungen der Tanks sprengten. Die Kessel wurden zerlegt, Schienen, Rohrleitungen und Stromkabel ausgegraben. Tiefe Löcher und ein von Stahlbeton durchsetztes Gelände blieben zurück. Anfang der 1950er-Jahre zerkleinerte ein deutsches Unternehmen die zurückgelassenen Trümmer und füllte die Löcher wieder auf.

Die Relikte der WiFo liegen teilweise sehr versteckt im Wald.

DER 5ER-BLOCK Besonders eindrucksvoll zeigen sich die Ausmaße der ehemaligen Anlagen heute in den Überresten des sogenannten 5er-Blocks, der als Erweiterung des Benzinlagers angedacht war. In den 5er-Blocks sollten erstmals fünf Tanks in einem mit Beton vergossenen Block zusammengefasst werden. Drei dieser Blocks waren geplant, einer wurde fertiggestellt, aber nicht mehr mit Benzin befüllt. Auch hier wurde nach dem Zweiten Weltkrieg mit dem Abriss begonnen. Teile einer Seitenwand eines 5er-Blocks stehen allerdings bis heute. Aus welchem Grund sie nicht ebenfalls demontiert wurden, ist unklar. An der Wand lassen sich die riesigen Ausmaße des Blocks erkennen. Wer genau hinsieht, kann in dem Beton heute noch die Nietenabdrücke des abgebauten Stahltanks erkennen. Eine weitere Seitenwand des Blocks muss beim Abriss umgestürzt sein und bildet mittlerweile einen höhlenartig anmutenden Durchgang, in

An den Überresten des alten 5er-Blocks lassen sich die Dimensionen der Anlage gut erkennen.

dem eindringendes Wasser bereits dafür gesorgt hat, dass sich an der Decke Stalaktiten gebildet haben.

WEITERE ÜBERRESTE Wer mit offenen Augen durch das Gelände geht, findet immer wieder weitere Überreste der ehemaligen Anlage. So stehen zwischen Bäumen beispielweise noch kleine Splitterschutzzellen, sogenannte Einmann-Bunker. Sie boten ein bis zwei Personen Schutz und lassen sich immer noch öffnen. Wer mag, kann also gerne einmal in einen dieser Bunker hineinkriechen und sich der beklemmenden Enge darin hingeben. Auch ein Gebäude der firmeneigenen Wasserversorgung existiert noch. Weitere Relikte liegen oft abseits der Wege. Unvermittelt tauchen mitten im Wald beispielsweise die Überreste von Wartungs- und Kontrollschächten der als Lagerbehälter genutzten Stahlkessel auf. Während der Wartungsschacht dabei – wie der Name bereits erahnen lässt – als Zugang für Wartungen und Reparaturarbeiten diente, wurde über die kleineren Kontrollschächte der Füllstand der Tanks geprüft.

Das besondere Erlebnis

Wer mehr über die WiFo erfahren möchte, sollte die Dauerausstellung mit Fotos, Hintergrundinformationen und Berichten von Zeitzeugen im Museum Altes Zollhaus in Hitzacker besuchen. Das Museum bietet nach Vereinbarung auch spannende Führungen zur WiFo an. Da es im Wald überall zu Bodeneinbrüchen kommen kann und das Gelände zudem unwegsam und unübersichtlich ist, sei an dieser Stelle empfohlen, die Überreste der WiFo am besten im Rahmen einer dieser geführten Touren zu (be)suchen. Weitere Informationen gibt es unter www.museum-hitzacker.de

27

TOTENSTILLE

Einsamer jüdischer Friedhof

Mitten im Wald zwischen hohen Bäumen liegt bei Dannenberg ein alter jüdischer Friedhof. Schon seit über hundert Jahren wurde hier niemand mehr begraben. Über den mehr als 40 Grabsteinen liegt eine gespenstische Ruhe.

Dannenberg, Landkreis Lüchow-Dannenberg **Ort** Hauptstraße, 29451 Dannenberg **GPS** 53.090327, 11.061583 **Anfahrt** Von Uelzen die B191 in Richtung Dannenberg nehmen, in Dannenberg links auf die Schmarsauer Straße abbiegen, nach ca. 500 m an der Kreuzung Schmarsauer Straße/Schmarsau links abbiegen und dann nach ca. 300 m wieder rechts. Der Friedhof liegt nach ca. 400 m versteckt im Wald auf der linken Seite.

Umgeben von einem einfachen Holzzaun liegt versteckt im Wald der alte jüdische Friedhof.

IDYLLISCHES WALDSTÜCK Der jüdische Friedhof in einem idyllischen Waldstück bei Dannenberg liegt abseits des Weges auf einer kleinen Hügelkuppe mitten im Wald. Die abgeschiedene Lage ist für jüdische Friedhöfe typisch. Die Lebenden sollten sich mit den Toten nicht »an einem Ort aufhalten«. Darüber hinaus wurde es jüdischen Gemeinden ohnehin nicht einfach gemacht, überhaupt Friedhöfe anzulegen. Ein schlichter Holzzaun, der farblich kaum auffällt, umfriedet die Anlage heute. Die vielen Bäume, die mitten auf der Friedhofsfläche wachsen, sorgen ebenfalls dafür, dass dieser Ort fast im Wald verschwindet. In vergangenen Zeiten soll es hier auch einmal einen Zaun aus Eisen gegeben haben. Ob dieser der im Jahr 1942 reichsweit angeordneten »Metallspende« (die letztlich einen Vorwand bot, um Gitter und andere metallene Objekte von jüdischen Friedhöfen zu entfernen) zum Opfer gefallen ist, ist nicht bekannt. Der letzte Grabstein wurde hier für den am 6. Dezember 1899 gestorbenen Salomon Pollack gesetzt. Seitdem ist der Friedhof geschlossen. Die meisten Grabsteine sind aus Sandstein gefertigt und verwittern zunehmend. Auch die Inschriften sind teilweise nur noch schwer zu erkennen.

WIEDERHOLTE SCHÄNDUNGEN Schon häufiger war der friedliche Ort Tatort von

Im jüdischen Glauben sind nach dem Tod alle Menschen gleich. Deswegen unterschieden sich die Grabsteine früher kaum.

Schändungen. Bereits wenige Monate vor dem Ausbruch des Ersten Weltkrieges, am 7. April 1914, veröffentlichte Hugo Wolf, Vorsteher der jüdischen Gemeinde, eine Anzeige in der *Jeetzel-Zeitung*. Jemand hatte die Grabsteine auf dem Friedhof sowie die Eisengitter gewaltsam beschädigt. 30 Mark Belohnung bot er jedem, der den Täter nennen könne, damit dieser gerichtlich belangt werden kann. Allerdings erfolglos, die Täter wurden nicht gefasst. In der Folgezeit kam es immer wieder zu folgenreichen Schändungen. Im Jahr 2006 erfolgte eine umfassende Instandsetzung. Die Grabsteine wurden wieder aufgerichtet und gekittet. Die sichtbaren Reparaturen ziehen sich heute wie Narben durch die steinernen Zeugen der Vergangenheit.

ANDERS ALS CHRISTLICHE FRIEDHÖFE

Im jüdischen Glauben ist ein Friedhof kein Ort des Todes, sondern ein Ort des ewigen Lebens, er wird auch als »Haus der Ewigkeit« bezeichnet. Hier warten die Verstorbenen auf das Jüngste Gericht, um zu neuem Leben aufzuerstehen. Aus diesem Grund darf ein Grab in der Regel nie aufgelöst werden. Auf jüdischen Friedhöfen gelten zudem andere Regeln als auf christlichen: Männliche Besucher sollten aus Respekt und Ehrerbietung vor den Toten eine Kopfbedeckung tragen. Essen, Trinken, Rauchen und zielloses Spazierengehen sind nicht gestattet. Gräber werden – ebenfalls anders als auf christlichen Friedhöfen – nicht mit Blumen geschmückt, wofür verschiedene Gründe angeführt werden. So heißt es beispielsweise, dass Pflanzen

↑ Die segnenden Priesterhände sind ein jüdisches Abstammungssymbol.
↗ Blumenschmuck gibt es auf jüdischen Friedhöfen nicht.

dem Toten jene Kraft entziehen, die sie für ihre Auferstehung brauchen. Anstelle von Blumen werden daher Steine auf das Grab gelegt, ein Brauch, der wahrscheinlich auf die Zeit zurückgeht, als Israeliten auf der im Alten Testament geschilderten Flucht aus Ägypten durch die Wüste zogen. Und noch etwas Anderes fällt auf dem Friedhof Dannenberg auf: Die meisten Grabsteine sind relativ bescheiden gestaltet. Denn jüdische Grabsteine sollen möglichst wenige Unterschiede aufweisen, da im jüdischen Glauben nach dem Tod alle Menschen gleich sind. Die Beschriftung der Grabsteine in Dannenberg erfolgte bis 1832/33 nur auf Hebräisch, während danach aufgestellte Steine neben der hebräischen teilweise auch deutsche Sprache verwenden. Einige Grabsteine sind nur in Deutsch beschriftet. Auffällig ist zudem, dass die Grabsteine vereinzelt Symbole aufweisen, etwa die segnenden Priesterhände, die sogenannten Kohen-Hände. Sie weisen auf die Abstammung von dem Priestergeschlecht der Kohanim hin.

Das besondere Erlebnis

Wer mehr über den jüdischen Friedhof und die hier begrabenen Personen erfahren möchte, sollte einen Blick in das Buch *Der Tod im Wendland* werfen, herausgegeben vom Museum Wustrow. Auf über 500 Seiten gibt das Lese- und Bilderbuch einen umfassenden Einblick in die Todes- und Totenwelt der Region Wendland.

Nachdem die Brücke lange sich selbst überlassen wurde, finden aktuell umfangreiche Restaurierungsmaßnahmen statt.

28

FÜR IMMER ZERSTÖRT

Die Dömitzer Eisenbahnbrücke

Die Reste der imposanten Eisenbahnbrücke Dömitz stehen noch heute an der Elbe. Sie wurde bereits im Zweiten Weltkrieg zerstört, und hier wird wohl nie wieder ein Zug fahren – trotzdem wird sie nun renoviert.

Kaltenhof, Landkreis Lüchow-Dannenberg **Ort** 29484 Langendorf (Elbe) **GPS** 53.129096, 11.241768 **Anfahrt** Mit dem Auto von Dannenberg über die B191 in Richtung Dömitz, später nach rechts abbiegen nach Kaltenhof auf die Straße An der Kreisstraße, nach ca. 1 km links abbiegen zum Parkplatz. Alternativ mit der Bahn bis Dannenberg, weiter mit dem Bus nach Kaltenhof und von dort weiter zu Fuß bis zur Brücke.

AM WASSER IST FÜR IMMER SCHLUSS Wie ein stummes Mahnmal für die Zerstörungsgewalt des Zweiten Weltkrieges und gleichzeitig ein Symbol für die deutsche Teilung stehen die Reste der Dömitzer Eisenbahnbrücke direkt am Elbe-Radweg. Am 20. April 1945 – Hitlers 45. und letzter Geburtstag – wurde die Brücke bei einem Luftangriff der Alliierten zerstört. Weil die Brücke nach Kriegsende mitten auf der innerdeutschen Grenze lag, wurde sie nie wieder aufgebaut. Heute hat ein Investor große Pläne mit den Überresten – über die Elbe wird sie aber wohl nie wieder führen, sondern für immer im Nichts der Elbtalaue enden. Denn von der einst knapp einen Kilometer langen Brücke existieren auf der niedersächsischen Seite nur noch das imposante, festungsartige Kopfgebäude sowie rund 16 Brückenbögen, die sich malerisch zwischen Elbdeich und Flussufer erstrecken, bevor die Brücke plötzlich abbricht. Auf der östlichen Seite, im heutigen Mecklenburg-Vorpommern, wurden die letzten noch bestehenden Reste schon vor der Wiedervereinigung komplett entfernt, unter anderem, weil sie wohl das Sichtfeld der Grenzschützer beeinträchtigten.

GESCHICHTE DER BRÜCKE Die Dömitzer Eisenbahnbrücke war Teil der Bahnlinie von Wittenberge nach Lüneburg. Als die Brücke 1873 nach dreijähriger Bauzeit eingeweiht wurde, war sie eine der längsten Eisenbrücken in Deutschland. Dömitz war zu dieser Zeit eine der stärksten Landfestungen Deutschlands, und da die Brücke Mecklenburg mit dem preußischen Dannenberg verband, unterlag sie gewissen militärischen Anforderungen. So durfte die Brücke maximal 2.000 Schritte von der Zitadelle in Dömitz entfernt liegen. Zudem wurde festgeschrieben, dass sie über eine Drehbrücke verfügen sollte, die nicht nur die Schifffahrt erleichterte, sondern durch die bei Bedarf auch die Verbindung über die Brücke unterbrochen werden konnte. An beiden Seiten baute man Wachtürme, die im Kriegsfall die Verteidigung der Brücke erleichtern sollten, ein abschließbarer Zaun brachte weiteren Schutz. An dem Zaun, der noch heute existiert, haben in der Zwischenzeit ein paar Liebende ihre Schlösser angebracht.

SKYWALK SOLL ENTSTEHEN Heute ist die Brücke in Privatbesitz eines niederländischen Unternehmers. Er sah die Brücke in einem Auktionskatalog der Deutschen Bahn und kaufte im Jahr 2010 das verwaiste Ob-

Das massive alte Brückenhaus – von hier aus sollte die Brücke im Kriegsfall verteidigt werden.

jekt, das langsam vor sich hin rottete. Seitdem wurde unter anderem der historische Kopfturm, der im Laufe der Jahre stark gelitten hatte, aufwendig saniert. Die Sanierung der Brückenpfeiler erfolgt derzeit. Allerdings sind die ambitionierten Pläne des neuen Eigentümers mit diesen Arbeiten nicht beendet: Nach seinen Vorstellungen könnte irgendwann ein Skywalk bis an das Brückenende führen, auf dem Besucher zukünftig die Natur aus luftiger Höhe genießen können.

Heute hängen Verliebte hier ihre Liebesschlösser auf.

Das besondere Erlebnis

Die Brückenreste sind von der östlichen Seite, die bequem per Auto über die in unmittelbarer Nähe entstandene moderne Elbbrücke zu erreichen ist, ebenfalls gut zu erkennen. Es empfiehlt sich, direkt an der Festung Dömitz zu parken und von dort ein wenig links am Elbufer entlangzugehen. Auch ein Besuch der Festung Dömitz und des angeschlossenen Museums lohnt sich. In Dömitz gibt es am Slüterplatz 3 zudem eine kleine Eisdiele, die Soft-Eis nach alter DDR-Rezeptur verkauft, das sehr zu empfehlen ist.

29

GRÄBER FÜR POLITIKER

Friedhof der Bundestagsabgeordneten

Hier haben nur zum Schein Begräbnisse stattgefunden, und es liegt kein Toter unter den Kreuzen begraben. Trotzdem hat dieser Friedhof eine ganz besondere Bedeutung für das Wendland.

Gusborn, Landkreis Lüchow-Dannenberg **Ort** Dannenberger Straße, 29476 Gusborn **GPS** 53.088312, 11.180805 **Anfahrt** Mit dem Auto von Dannenberg über die L256 in Richtung Gorleben, das Mahnmal befindet sich kurz vor Gusborn auf einem Feld auf der linken Seite. Alternativ mit der Bahn bis Dannenberg, von dort mit dem Bus nach Klein Gusborn und zu Fuß weiter zum Mahnmal.

Die Namen der Politiker auf den Kreuzen sind teilweise noch erkennbar.

FRIEDHOF FÜR DEN SUPERGAU Wer von Dannenberg in Richtung Gorleben fährt, dem fällt direkt an der Landstraße ein vermeintlicher Friedhof ins Auge. Im ersten Moment erinnert er an eine Kriegsgräberstätte. Hunderte graue Grabkreuze aus Beton stehen aufgereiht mitten auf einem Feld. Eine große Glocke auf einer Metallkonstruktion macht das Ensemble komplett. Unbehagen macht sich zunächst breit. Ein uneingezäunter Friedhof, hier mitten an der Landstraße? Aber Entwarnung: Hier liegt niemand begraben. Es handelt sich vielmehr um ein circa 2.500 Quadratmeter großes Mahnmal mit dem Namen »Gewissensruhe«, den sogenannten Ehrenfriedhof für Bundestagsabgeordnete nach dem Supergau. Ein Schild gibt den Besuchern folgende Auskunft: »*Zu Ehren der allzu großen Bemühungen des Deutschen Bundestages [,] einen möglichen Supergau zu verhindern [,] wurde für den Fall des Scheiterns bereits 2001, im Rahmen einer Installation von Franz Hartmann [,] ein Ehrenfriedhof für Bundestagsabgeordnete nach dem Supergau errichtet, um den Abgeordneten so im gegebenen Fall eine würdevolle Ruhestätte bieten zu können.*« Es folgt ein Verweis auf eine Webseite, die heute nicht mehr erreichbar ist. Über die Webseite konnten unter anderem Patenschaften für Kreuze übernommen werden.

DIE ANTI-ATOMBEWEGUNG Die Entscheidung, in Gorleben ein Endlager für hochradioaktiven Atommüll zu errichten, wird im Februar 1977 verkündet. Schnell baut sich eine Protestbewegung auf. Einheimische und Atomkraftgegner aus dem ganzen Land organisieren sich zum Widerstand, Großdemonstrationen werden geplant. 1980 wird die »Republik Freies Wendland« ausgerufen, und auf dem Gelände im Gorlebener Forst, unter dem sich der Salzstock befindet, den der Bund als atomares Endlager nutzen will, wird ein Hüttendorf errichtet. Mehrere Hundert Menschen leben hier unter der Woche, an den Wochenenden kommen Tausende Besucher. Nach vier Wochen wird das Hüttenlager von der Polizei geräumt. 1982 beginnt der Bau eines Zwischenlagers. Zwei Jahre später rollt der erste Atommülltransport mit vermeintlich leicht radioaktivem Material in das Zwischenlager. Mit der Nuklearkatastrophe in Tschernobyl im Jahr 1986, die auch in Deutschland Spuren hinterlässt, steigt die Zahl der Atomkraftgegner noch einmal an. Am sogenannten »Tag X« wird im April 1995 das erste Mal hochradioaktives Material in Castor-Behältern nach Gorleben

Das alte Greenpeace-Schiff »Beluga« wurde 2013 nach Gorleben gebracht.

transportiert. Es rollt von nun an fast jährlich ein Castor-Transport nach Gorleben, die Proteste dagegen halten an. Als sich Anfang 2000 herausstellt, dass zahlreiche Castor-Behälter nicht den Sicherungsanforderungen genügen, wird der Transport abgesagt. Doch schon 2001 rollen erneut Castor-Behälter durch das Wendland, und das Mahnmal Gewissensruhe entsteht. Die Nähe zu Gorleben – natürlich kein Zufall.

KREUZE AM WEGESRAND Heute wirkt das Mahnmal ein wenig verlassen, hat aber nichts von seiner Wirkung eingebüßt. Die grauen Kreuze setzen Moos an, einige Kreuze sind in der Zwischenzeit umgekippt, andere beschädigt. Eiserne Stangen zeigen an, wo Kreuze fehlen. Als das Mahnmal eingeweiht wurde, standen hier exakt 738 circa 80 Zentimeter hohe Betonkreuze für die 669 Bundestagsabgeordneten und 69 Mitglieder des Bundesrates. Jedes Kreuz trug einen Namen sowie ein Geburtsjahr – auch der damals amtierende Kanzler Gerhard Schröder bekam hier ein Kreuz. Die kreisförmige Platzierung der Betonkreuze ist noch zu erkennen. Sie ist nicht zufällig, sondern sollte an die räumliche Anordnung der Sitze im Bundestag erinnern. Das Kunstwerk löste damals kontroverse Diskussionen aus. Von »geschmacklos« über »legitim« bis »weiter so« reichten die Reaktionen unter Politikern. Aus dem Mahnmal entwickelte sich ein lebendiges Kunstwerk. Es bildete sich ein selbsternannter »Friedhofspflege-Trupp«, der regelmäßig die Mäharbeiten übernahm. Der

Ort wurde von Demonstranten, Fotografen und Filmemachern als Kulisse genutzt. Aufmerksamkeitsstark wurde hier einst eine Bestattung geprobt, bei der Anwohner vor Ort einen Holzsarg in die Erde ließen. Politiker wurden vor ihren eigenen Kreuzen interviewt. Mittlerweile ist das Mahnmal über 20 Jahre alt. 21 Jahre jung war der Künstler Franz Hartmann, als er die Kreuze aufstellte. Ob er damals ahnte, dass sein Werk genauso lange stehen würde? Auch wenn das Endlagerprojekt in Gorleben mittlerweile gestoppt wurde, erinnert das Mahnmal weiterhin an die Geschichte des wendländischen Atomwiderstands und die atomare Bedrohung der Welt.

Das besondere Erlebnis

Überall im Wendland steht noch das gelbe X als Zeichen des Widerstands gegen Atommülltransporte. Interessierte können sich über die Geschichte des wendländischen Widerstands am sogenannten Beluga-Dreieck (GPS 53.030064, 11.342311) informieren, wo neben der Beluga, einem ausgedienten Greenpeace-Schiff, verschiedene Informationstafeln aufgebaut sind. Der gemeinnützige Verein Gorleben-Archiv (www.gorleben-archiv.de) hat es sich ebenfalls zu seiner Aufgabe gemacht, dass die Atomanlagen in Gorleben und die umliegenden Orte nicht vergessen werden.

Castor-Gegner stellten als Mahnmal Atomfässer im Wald bei Gorleben auf.

Das unerlaubte Verlassen der DDR war lebensgefährlich.
Die Grenztürme waren dazu da, Fluchtversuche zu verhindern.

30

TOD AUF DER FLUCHT

Das Leid an der innerdeutschen Grenze

Noch immer erinnern im ehemaligen Grenzgebiet Wachtürme als stumme Zeugen an eine Zeit, als Deutschland noch geteilt war und Menschen wie Hans Franck starben, nur weil sie in den Westen wollten.

Wustrow (Wendland), Landkreis Lüchow-Dannenberg **Ort** 29462 Wustrow (Wendland) **GPS** 52.901250, 11.152808 **Anfahrt** Nach Wustrow (Wendland), dort den Ort über die Lange Straße und Dorfstraße nach Süden verlassen. Später wird die Straße zu einem Feldweg. Am Ende des Feldwegs befindet sich auf der rechten Seite das Mahnmal (bereits auf dem Gebiet Sachsen-Anhalts). Die GPS-Koordinaten des Grenzturms Hoyersburg lauten 52.899805, 11.180956, die Koordinaten des Grenzturms Luckau 52.908371, 11.042055

GRENZERFAHRUNG Mehr als 40 Jahre lang trennte Deutschland eine knapp 1.400 Kilometer lange Grenze, an der viele Menschen bei dem Versuch, sie zu überwinden, starben. Auch ansonsten brachte die Teilung viel Leid. Das Wendland war besonders betroffen, da die Region damals gleich in drei Himmelsrichtungen von der DDR umgeben war. Als die Mauer und damit eine der bestgesicherten Grenzen der Welt im Jahr 1989 schließlich fiel, machte sich daher Euphorie breit. Schon wenige Tage nach der Öffnung des »Eisernen Vorhangs« wurden überall Grenzanlagen abgebaut, während der Erhalt von Überresten der Grenze, auch zu Erinnerungszwecken, zunächst keine Priorität hatte. Dennoch existieren immer noch Orte, die an das traurige Kapitel der deutschen Geschichte erinnern. Dazu gehören Grenztürme wie der in Luckau, der südlich des gleichnamigen Ortes vor sich hin rottet. Auch der benachbarte Grenzturm Hoyersburg, der mit ungefähr zwölf Meter Höhe gut sichtbar direkt an der L248 von Salzwedel kommend in Richtung Lübbow steht, ist einer der letzten Zeugen der deutsch-deutschen Grenzgeschichte in der Region. Beide Grenztürme waren Teil von umfangreichen Sperranlagen und dienten vor allem dazu, die Flucht von DDR-Bürgern in den Westen zu verhindern. Obwohl die Betonbauten mittlerweile von bunten Graffiti mit Botschaften wie »No Borders« übersät sind, haben sie bis heute nichts von ihrer bedrohlichen Wirkung verloren.

TOD IM WESTEN Nur etwa zwei Kilometer Luftlinie vom Grenzturm Hoyersburg entfernt, steht ein Mahnmal für einen Mann, der sein Leben auf der Flucht in den Westen verlor: Es ist ein nebeliger Januarabend im Jahr 1973, als der Diplom-Ingenieur Hans

An der Gedenkstätte für Hans Franck werden bis heute regelmäßig Kränze niedergelegt.

Friedrich Franck versucht, den über drei Meter hohen Grenzzaum in der Nähe von Blütlingen bei Wustrow zu überwinden. Aus Versehen löst er dabei eine Sprengfalle aus, woraufhin er von mehreren Splitterstücken verletzt wird. DDR-Grenzsoldaten fangen an, in seine Richtung zu schießen. Stark verwundet gelingt es Franck trotzdem, den Zaun zu überwinden und den ersehnten Westen zu erreichen. Die DDR-Grenzer werden später ihrem Kommandeur melden: »Feindwärts wurde eine große Blutlache und eine Kriechspur ins westliche Hinterland festgestellt.« Ein Anwohner im Westen hört die Explosion und Schüsse und informiert daraufhin Zollbeamte, die sich auf die Suche nach Franck begeben und ihn schließlich finden. Franck scheint in der Zwischenzeit die Orientierung verloren zu haben, ist aber noch ansprechbar. Er weiß zunächst nicht, dass er es tatsächlich in den Westen Deutschlands geschafft hat. Franck erhält sofort ärztliche Hilfe und wird in einem Dannenberger Krankenhaus mehrere Stunden operiert. Er erhält Blutspenden, unter anderem von sechs Beamten des Bundesgrenzschutzes, verliert aber dennoch zu viel Blut und stirbt mit nur 26 Jahren tragischerweise am Ziel seiner Reise.

KEINE RÜCKKEHR Sein Vater und seine Schwester – die Mutter war bereits zwei Jahre zuvor verstorben – erfahren am nächsten Tag aus dem West-Fernsehen davon, dass ein Ingenieur aus Meißen an der Grenze zu Tode gekommen ist. Für sie kam die Flucht und entsprechend auch der Tod des Sohnes und Bruders vollkommen überraschend. In seiner Studentenwohnung findet man später keinerlei Hinweise auf die Flucht, da Franck alle persönlichen Unterlagen verbrannt hatte. Franck wird in Dannenberg beigesetzt. In der Folge berichten einige Medien zunächst, sein Vater würde keinen Wert auf den Leichnam oder eine Beerdigung in der DDR legen. Später stellt sich heraus, dass es

↓ Viele DDR-Grenztürme wurden nach der Wiedervereinigung einfach abgerissen.

↘ Der Wachturm bei Luckau befindet sich in einem heruntergekommenen Zustand.

Paradies für Wanderer und Radfahrer:
Entlang der innerdeutschen Grenze blieb die Natur jahrzehntelang fast unberührt.

wohl eher so war, dass das Ministerium für Staatssicherheit der DDR eine Überführung der Leiche nur in einem Zinksarg und gegen die Zahlung von 15.000 DDR-Mark ermöglicht hätte, die der Vater nicht aufbringen konnte. An dem Begräbnis nehmen viele Einwohner des Wendlands teil. Für den damaligen Superintendent Wallmann, der die Trauerfeier hält, ein Beweis dafür, wie sehr die Menschen vor Ort Anteil an dem Schicksal ihrer Mitbürger im Osten Deutschlands genommen haben. Noch am selben Tag wird zudem am Ort des Todes von Hans Friedrich Franck ein Kreuz aufgestellt. Nach der Wiedervereinigung wurde die Gedenkstätte an ihren jetzigen Standort auf altmärkisches Gebiet verlegt. Bis heute finden hier am Tag der Deutschen Einheit Gedenkfeiern statt.

Das besondere Erlebnis

Wenn Sie die Gedenkstätte von Hans Friedrich Franck besucht haben sollten, ist es nicht mehr weit zum Museum Wustrow (www.museum-wustrow.de). Rolf Meyer, einer der Gründer des Museums, hat die Geschichte von Hans Friedrich Franck ausführlich recherchiert und zusammen mit anderen Geschichtsinteressierten in einem Ausstellungsraum aufbereitet und auch in der *Elbe-Jeetzel-Zeitung* in der Ausgabe AM WEBSTUHL DER ZEIT am 19. Januar 2013 publiziert. Neben spannenden zeitgeschichtlichen Wechselausstellungen lässt sich im Museum zudem ein nahezu originalgetreu nachgebauter »Konsum«-Markt der DDR mit Waren des täglichen Bedarfs bestaunen.

31

VON FLAMMEN ZERSTÖRT

Der Rundling Satemin

Satemin ist eines der schönsten wendländischen Rundlingsdörfer, was das Dorf allerdings nicht zuletzt einer Katastrophe verdankt: 1850 gab es hier einen verheerenden Brand, bei dem alle Einwohner ihre Häuser verloren.

Rundlingsdorf Satemin, Landkreis Lüchow-Dannenberg **Ort** 29439 Lüchow **GPS** 52.956511, 11.094932 **Anfahrt** Mit dem Auto von Uelzen über die B493 in Richtung Lüchow, später rechts abbiegen nach Gühlitz, weiter nach Satemin. Mit der Bahn bis Uelzen, von dort aus weiter mit Bussen nach Satemin.

Alle wieder aufgebauten Hallenhäuser haben an ihren Balken Inschriften, die sich auf das Feuer beziehen.

WUNDERSCHÖNES DORF Etwa vier Kilometer südwestlich von Lüchow liegt Satemin. Um den großen Dorfplatz reihen sich im Kreis gebaute wunderschöne, stattliche Fachwerkbauten, sogenannte Vierständerhäuser. In zwei der alten Bauernhäuser sind heute Cafés untergebracht. Bei schönem Wetter stehen davor Stühle und Tische, Kinderlachen durchdringt das Dorf, Fahrradfahrer stärken sich bei Kaffee und Kuchen. Große Bäume sorgen für Schatten. Zu Pfingsten findet hier jährlich ein großer Markt statt. Doch das geschlossene Dorfbild, das Satemin heute zu einem der schönsten Rundlinge im Wendland macht und viele Gäste anzieht, ist auf eine Katast-

Prächtige Fachwerkbauten bestimmen das Dorfbild.

Satemin ist heute einer der wohl schönsten Rundlinge des Wendlands und zieht auch durch seine Cafés viele Gäste an.

rophe zurückzuführen. Wer genau hinsieht, kann die Hinweise hierauf noch heute entdecken.

DER TAG DER KATASTROPHE Am 15. August 1850 kommt es in Satemin zu einem verheerenden Brand. Es ist Erntezeit, und alle Einwohner sind auf dem Feld, als vor einem der Häuser über einer offenen Feuerstelle Speck entflammt und es dort zu brennen anfängt. Einige Häuser stehen schon damals sehr eng beieinander, es ist trocken, und zudem soll noch ein heftiger Südwind geblasen haben. Alles Gründe dafür, dass das Feuer innerhalb kurzer Zeit auf alle anderen Häuser übergreift. Nach wenigen Stunden besteht das Dorf nur noch aus der Kirche, dem Spritzenhaus und einigen Scheunen, die die Flammen verschont haben. Sämtliche Einwohner Satemins verlieren an diesem Tag ihr gesamtes Hab und Gut. Zum Glück für die Bewohner existierte damals schon die Pflichtbrandkasse, und durch die Ersatzleistungen konnte das Dorf noch im selben Jahr wieder aufgebaut werden. Nur fünf Wochen nach dem Brand feierte das erste Haus wieder Richtfest, und innerhalb von elf Wochen waren sogar 16 Häuser wieder aufgebaut. Doch Geld allein war nicht alles: Um das Dorf möglichst schnell wieder aufzubauen, zog die Regierung des Königsreichs Hannover alle verfügbaren Bauhandwerker zusammen, die die neuen Häuser des Rundlings so errichteten, dass jedes Haus den anderen ähnlich ist, sich jedoch in Details unterscheidet.

Neben dem Namen der damaligen Besitzer lässt sich in den Balken auch das Jahr des Wiederaufbaus ablesen.

↑ Die mittelalterliche Dorfkirche hat den Brand überstanden.

↗ Jedes Jahr findet in Satemin ein Pfingstmarkt für Kunsthandwerk statt, dessen Besuch lohnt.

SPRUCHBALKEN ZEUGEN VOM FEUER

Welches Haus wann wieder aufgebaut wurde und wie tief der Brand die damaligen Bewohner belastete, lässt sich heute anhand der Spruchbalken an den einzelnen Häusern nachvollziehen. In ihnen finden sich in der Regel neben den Namen der Erbauer auch das Datum des Richtfestes – und das ist bei den meisten Häusern das Jahr 1850. Sprüche in den Balken wie »Gott nahm mein Haus ich weinte heisse Thränen«, »Betrübt sahn wir die Flammen wüthen die uns das vorig's neues Haus zerstöhret« oder »Der Herr gebot des Feuers Macht hat mir mein Haus zerstöret« zeugen noch von dem großen Verlust, den die Menschen hier einst erlitten.

Das besondere Erlebnis

Satemin ist nicht der einzige Ort, der von einem großen Brand gekennzeichnet ist. Auch in dem benachbarten Lüchow kam es 1811 zu einem folgenschweren Brand, bei dem das dortige Schloss abbrannte. Dort stehen heute nur noch die Überreste des etwa 22 Meter hohen Turms sowie Fundamentmauern von weiteren Gebäuden. Im Turm ist ein Museum untergebracht, von dem aus man einen sehr schönen Ausblick über Lüchow und die Umgebung hat. Ausführlichere Informationen und Öffnungszeiten unter www.amtsturm.de

Früher herrschte hier ein geschäftiges Treiben, heute nur noch gespenstische Ruhe.

32

AUSGESCHLACHTET

Der einsame Schlachthof in Steine

Das ehemalige Schlachthofgelände der Firma Vogler in Steine bei Lukau steht schon seit Jahren leer. Auch viele der schönen alten Häuser im Dorf sind mittlerweile unbewohnt und das ist kein Zufall.

Steine, Landkreis Lüchow-Dannenberg **Ort** Steine 7, 29487 Luckau **GPS** 52.936401, 11.037643 **Anfahrt** Mit dem Auto von Uelzen über die B71 in Richtung Bergen (Dumme), später links abbiegen auf die K23 nach Clenze, weiter nach Steine. Mit der Bahn bis Uelzen, von dort aus weiter mit Bussen nach Steine.

ALLES STEHT LEER Dort, wo früher die LKW hielten, hängt noch das Schild mit der Aufschrift »Vogler Fleisch … natürlich gut«. Der Wegweiser zum Verwaltungsgebäude und zum Verkauf liegt umgestoßen zwischen Unkraut am Zaun. Auf dem riesigen Firmengelände des Schlachthofes Vogler, das sich direkt an der L261 befindet, herrscht aber schon seit Jahren gähnende Leere. Die Kabel in den Elektrokästen fehlen, Laub vom vergangenen Herbst türmt sich vor einer Treppe, ein riesiger Busch hat einen Eingang unbehelligt zugewuchert. Müll liegt verteilt auf dem Gelände. Irgendjemand hat Graffiti an die Wände gesprüht. Wer sich weiter in den umliegenden Straßen des kleinen Dorfes umsieht, stellt schnell fest: Das eigentliche Firmengelände ist nicht das einzige Gebäude, das hier leer steht. Auch die meisten der wunderschönen alten Häuser ringsum sind mittlerweile unbewohnt. In ihnen hatten früher die Arbeiter von Vogler gewohnt. An den Briefkästen kleben noch heute, säuberlich auf Streifen gedruckt, ihre Namen, zumeist osteuropäischen Ursprungs. Teilweise sind es mehr als zwanzig auf einem Briefkasten. Über die Verhältnisse, in denen die Menschen gewohnt haben, lässt sich nur noch spekulieren. Ein Blick durch ein Fenster zeigt: Im Inneren ist heute fast alles leer, nur vereinzelt stehen noch ein paar heruntergekommene Möbel in den Räumen. Die Menschen haben zusammen mit dem Betrieb das Dorf verlassen. Und es sieht nicht so aus, als sollte hier demnächst wieder etwas produziert werden – auch wenn der chinesische Investor, dem der Familienbetrieb inzwischen gehört, dies bereits vor längerer Zeit angekündigt hatte. Somit liegt hier ein echtes Stück Aufstiegsgeschichte des Nachkriegsdeutschlands brach.

↓ Ob hier noch alles funktioniert, ist mehr als fraglich.

↘ Auf den Briefkästen im Dorf kleben noch die Namen ehemaliger Arbeiter.

Nur notdürftig abgesperrt, verschmutzt das Gelände zunehmend.

HIER IST NIEMAND MEHR Vogler gehörte einst zu den erfolgreichsten Unternehmen der Schlachtbranche. Die *Elbe-Jeetzel-Zeitung* berichtete in mehreren Beiträgen über die Geschichte und den späteren Niedergang des Unternehmens. 1951 kam Vogler nach Steine. Das Unternehmen wuchs, und schon bald wurde es im Landkreis Lüchow-Dannenberg einer der größten Arbeitgeber mit mehreren Hundert Mitarbeitern. Zu Spitzenzeiten wurden hier täglich 5.000 Schweine geschlachtet. Es braucht nicht viel Fantasie, sich vorzustellen, dass es nicht angenehm ist, direkt neben einem Schlachthof zu wohnen. Vielleicht verließen einige Bewohner deswegen das Dorf. Vielleicht wurden ihnen auch besonders attraktive Angebote für ihre schönen Häuser gemacht. Auf jeden Fall übernahm Vogler die Gebäude und schuf darin Unterkünfte für seine Mitarbeiter.

Was mit den Gebäuden in Zukunft passiert, ist unklar. Eine Bürgerinitiative will Steine wieder zu einem lebendigen Dorf machen.

Ein chinesischer Investor hat den Schlachthof gekauft, seitdem ist hier wenig passiert.

WOHNEN VERBOTEN Die Gebäude sind großenteils sehr viel älter als der Schlachthof selbst. So verrät die Inschrift an dem Torbogen eines Fachwerkhauses, dass es hier wohl bereits 1796 errichtet wurde. Heute hat jemand direkt neben dem schmuckvoll verzierten Tor ein Plakat aufgehängt. Es fordert: »GemeinWohlRäume statt Spekulantenträume!« Aktuell ist die Wohnsituation in dem kleinen Ort aber schwierig, um nicht zu sagen absurd: Das gesamte Dorf ist seit 2010 Sondergebiet des Schlachthofs, wofür eigens der Bebauungsplan geändert wurde. Aus diesem Grund darf in Häusern des Dorfes nur wohnen, wer Firmenangehöriger ist oder Wohneigentum hat. Nach der Insolvenz im Jahr 2017 übernahm ein Tochterunternehmen eines chinesischen Großinvestors das Gelände inklusive der alten Wohngebäude. Nach den ursprünglichen Plänen sollten die Fabrikgebäude wieder als Schlachthof genutzt werden. Die Genehmigung, um in Steine zu schlachten, ist allerdings mittlerweile erloschen. Was nun mit den Gebäuden und den Häusern passiert, ist daher weiterhin unklar. Für viele Menschen in der Umgebung ist allerdings klar: »Steine soll wieder ein Dorf werden!«

Das besondere Erlebnis

Von Steine ist es nicht weit zum Künstlerdorf Schreyahn, das nur wenige Kilometer entfernt liegt. Das Dorf hat einen wunderschönen Dorfplatz und gilt als einer der besterhaltenen Rundlinge im ganzen Wendland. Hier gibt es zudem eine Stipendiatenstätte, in der Künstler in Ruhe arbeiten und zeitlich befristet wohnen können. Auch ein Storchenpaar brütet hier regelmäßig.

33

ALT UND SAGENHAFT

Die Kapellenruine Spithal

Efeu, eine alte Sage und weitere Rätsel ranken sich um die Kapellenruine in Spithal. Eine Eiche wächst seit Jahrhunderten im ehemaligen Chorraum. Hier soll nicht nur eine goldene Wiege begraben, sondern auch der Teufel persönlich aufgetaucht sein.

Spithal, Flecken Bergen (Dumme), Landkreis Lüchow-Dannenberg **Ort** 29468 Bergen (Dumme) **GPS** 52.908832, 10.908786 **Anfahrt** Mit dem Auto von Uelzen über die B71 in Richtung Bergen (Dumme), kurz vor Spithal liegt der Friedhof auf der linken Seite.

Noch immer erkennt man gut, wo früher die Fenster der Kapelle waren.

RÄTSELHAFTE GEMÄUER Der kleine Friedhof von Spithal liegt etwas außerhalb des Ortes an der Landstraße. Die ebenso kleine wie verfallene Kapellenruine ragt zwischen den Gräbern hervor. Über ihre Geschichte ist kaum etwas bekannt, und so gibt es viele Spekulationen um die Ruine, von der einige Historiker meinen, dass sie das älteste Kirchenbauwerk im ganzen Wendland sei. Mystisch sehen die Überreste des Gotteshauses mit seinen efeuumrankten Feldsteinmauern aus. Imposant wächst im ehemaligen, rechteckigen Chorraum seit Jahrhunderten eine Eiche. Baum und Kirche bilden längst eine Einheit. Die Reste der alten Rundbaufenster in der Ostwand, zwei Fenster in der Südwand und ein Eingang an der Nordseite sind noch erhalten. Die quadratisch behauenen Feldsteine sowie die Art der Fenster und Funde in der Umgebung deuten darauf hin, dass die Kapelle wahrscheinlich Ende des 12. Jahrhunderts erbaut wurde. Sie könnte aber auch noch älter sein. Fest steht: Von hier aus wollte man das Wendland christianisieren. Wie lange die Kapelle dafür genutzt wurde, weiß heute niemand mehr genau zu sagen, denn über ihre Zerstörung liegen keine schriftlichen Zeugnisse vor. Manche vermuten, dass sie dem Dreißigjährigen Krieg (1618-1648) zum Opfer gefallen ist. Andere meinen, dass die Eiche im Chorraum dafür bereits zu alt sei und die Zerstörung deshalb vermutlich noch weiter zurückliege. Was es genau mit dem Gemäuer auf sich hat, bleibt also weitgehend im Verborgenen. Ebenso ist ungeklärt, ob hier wirklich ein Schatz vergraben ist, wie es eine alte Sage erzählt.

Die Ruine ist umgeben von Gräbern des Spithaler Friedhofes.

DIE WIEGE ZU SPITHAL Laut der Sage soll inmitten der Ruine eine goldene Wiege von unschätzbarem Wert vergraben sein, die nur geborgen werden kann, wenn dabei kein Laut zu hören ist. Undine Stiwich hat diesen Mythos in ihrem Buch *Das Jammerholz* aufgeschrieben. Vor vielen Jahren machten sich demnach drei Bauern bei Mondschein auf, den Schatz mit Hacke und Spaten auszugraben. Stumm und leise gingen die Männer an die Arbeit. Es gelang ihnen tatsächlich, die Wiege freizulegen, doch sie wurden abge-

Laut einer Sage liegt hier ein Goldschatz vergraben.

lenkt und fingen an zu lachen. Daraufhin verschwand die Wiege wie von Geisterhand wieder in der Grube. Ein paar Tage später versuchten es die Bauern erneut, und wieder gelang es ihnen, die Wiege auszugraben. Doch dieses Mal kam ihnen der Teufel höchstpersönlich in die Quere. Er baute in ihrer Nähe einen Galgen auf und drohte einem der Bauern, ihn als Erstes am Galgen aufzuknüpfen. Vehement verteidigte sich der Bauer und mahnte den Teufel, dies nicht zu tun. Daraufhin verschwand die goldene Wiege auf Nimmerwiedersehen und soll immer noch inmitten der alten Ruine vergraben liegen.

Das besondere Erlebnis

Folgen Sie der B71 weiter nach Salzwedel in der Altmark. Die Kreisstadt ist vor allem für Baumkuchen bekannt. Besuchen Sie die »Erste Salzwedeler Baumkuchenfabrik« in der St.-Georg-Straße 87. Seit 1807 backt hier Familie Hennig Baumkuchen nach einem Geheimrezept, das von Generation zu Generation weitergegeben wird. Dabei wird die Baumkuchenmasse Kelle für Kelle auf eine rotierende Walze geschöpft und vor offener Flamme gebacken. Auch der englische Königshof soll von dem Familienbetrieb bereits beliefert worden sein.

Im Innenraum der denkmalgeschützten Ruine wächst eine jahrhundertealte Eiche.

Kunstinstallation in den Resten
einer ehemaligen Schlafmittelfabrik (Kapitel 9)

Letzte Erinnerungen
an die Oberallertalbahn (Kapitel 12)

REGISTER

IMPRESSUM

Verantwortlich: Claudia Hohdorf
Lektorat: Pamela Scholz
Korrektorat: Christiane Gsänger
Layout: BUCHFLINK Rüdiger Wagner
Covergestaltung: Rudi Stix
Layout- und Reihengestaltung: Mathias Frisch
Kartografie: Bruckmann Verlag GmbH, Heidi Schmalfuß
Repro: LUDWIG:media
Herstellung: Alexander Knoll
Printed in Poland by CGS Printing

Sind Sie mit diesem Titel zufrieden? Dann würden wir uns über Ihre Weiterempfehlung freuen.
Erzählen Sie es im Freundeskreis, berichten Sie Ihrem Buchhändler, oder bewerten Sie bei Onlinekauf.
Und wenn Sie Kritik, Korrekturen, Aktualisierungen haben, freuen wir uns über Ihre Nachricht an Bruckmann Verlag, Postfach 40 02 09, D-80702 München oder per E-Mail an lektorat@verlagshaus.de.

Unser komplettes Programm finden Sie unter www.bruckmann.de

Alle Angaben dieses Werkes wurden von der Autorin sorgfältig recherchiert und auf den neuesten Stand gebracht sowie vom Verlag geprüft. Für die Richtigkeit der Angaben kann jedoch keine Haftung übernommen werden, weshalb die Nutzung auf eigene Gefahr erfolgt. Insbesondere bei GPS-Daten können Abweichungen nicht ausgeschlossen werden. Sollte dieses Werk Links auf Webseiten Dritter enthalten, so machen wir uns die Inhalte nicht zu eigen und übernehmen für die Inhalte keine Haftung.
In diesem Buch wird aus Gründen der besseren Lesbarkeit das generische Maskulinum verwendet. Weibliche und anderweitige Geschlechteridentitäten werden dabei ausdrücklich mitgemeint, soweit es für die Aussage erforderlich ist.

Empfehlung der Redaktion Sie sind auf der Suche nach weiterführender Literatur? Dann empfehlen wir Ihnen den Titel »Lost & Dark Places Hannover und Umgebung« von Uwe Grießmann.

Bildnachweis Alle Bilder im Innenteil stammen von Kathrin Heynold und Jens Borchardt mit Ausnahme von: Das Bild auf Seite 82 unten wurde freundlicherweise zur Verfügung gestellt vom Deutschen Erdölmuseum Wietze, die Bilder auf den Seiten 114 und 115 von der Polizeidirektion Lüneburg. Das Bild auf Seite 63 rechts stammt aus der Zeitschrift »Das Programm von Heute«, der Zeitschrift für Film und Theater GmbH, Nr. 1576, Berlin 1938. Vielen Dank für die Unterstützung!

Umschlagvorderseite: Reste eines ehemaligen, geheimen Tanklager bei Hitzacker (Kapitel 26)
Umschlagrückseite: Kunstinstallation in den Resten einer ehemaligen Schlafmittelfabrik (Kapitel 9)

Die Deutsche Nationalbibliothek verzeichnet diese Publikation in der Deutschen Nationalbibliografie; detaillierte bibliografische Daten sind im Internet über http://dnb.d-nb.de abrufbar.

ISBN 978-3-7343-2470-3